言語学と科学革命

認知言語学への展開

山梨正明

ひつじ書房

まえがき

　一般に、自然科学の分野では、古典的なニュートン力学から相対性理論、量子力学への展開にみられるように、科学理論のパラダイム転換が起きている。歴史的にみた場合、言語学の分野においても、構造言語学から生成文法、認知言語学への展開において、経験科学としての言語学の研究プログラムを特徴づけるパラダイム転換が認められる。

　本書では、科学哲学的な観点から、構造言語学、生成文法の研究プログラムとの比較を通して、生成意味論を母体として出現した認知言語学の展開の諸相を考察する。理論言語学の研究分野（特に、アメリカを中心とする理論言語学の分野）では、歴史的に、構造言語学から生成文法へのパラダイム転換が起こっている。一般にこのパラダイム転換は、認知革命の一種として位置づけられる。理論言語学におけるこの種の転換を革命とみるならば、生成文法に対抗して出現した認知言語学の展開も、新しい意味での認知革命の展開と言うことができる。

　ただし、科学哲学的な観点からみた場合、理論言語学の分野では、パラダイム転換に関し本質的な違いがある。構造言語学から生成文法への転換の場合には、行動主義的で帰納主義的な言語観に基づく言語理論から、トップダウン的で演繹的な言語観に基づく言語理論への転換という点で、その科学観に本質的な違いが存在する。

これに対し、生成文法から認知言語学へのパラダイム転換は、科学観における対極的な対立による転換とは単純には言えない。歴史的には、認知言語学は生成意味論をその母体として出現した言語理論である。生成意味論は、理論的にはチョムスキーの（「右派」としての）生成文法理論に対抗する「左派」の理論として登場している。この点では、生成意味論は、ひろい意味で生成パラダイムを背景として登場した対抗理論であるが、この理論は、その後、生成パラダイム内での不毛な論争を越え、認知言語学の研究プログラムに発展的に転換している。換言するならば、生成意味論から認知言語学への展開は、生成パラダイムの言語観と思考法をその内部から批判し、いわば「生成パラダイムの衣」を脱ぎ捨て、新たな認知言語学の研究プログラムに発展し現在に至っている。

　本書では、この新しい意味での認知革命（i.e. 生成意味論から認知言語学への展開としての認知革命）の歴史的な経緯を、科学哲学的な観点から具体的に考察していく。特に本書では、まず生成意味論が出現した1970年代当時の研究体制と時代背景を解説し、この学問的な背景から認知言語学のパラダイムへの展開の諸相を考察していく。若い研究者の大半は、通常科学（normal science）として確立した現在の認知言語学から研究を始めているため、この研究パラダイムの歴史的な背景には興味を示さないまま（あるいは、その背景を知らぬまま）研究を進めている。できれば研究の途上で、自らコミットしている研究パラダイムの歴史的背景と学問的背景を理解しておくことは、今後の研究にとって重要な意味をもつと言える。

　本書では、言語学プロパーの領域における言語理論の歴史的な展開を考察するだけでなく、さらに認知言語学の研究と認知科学の他の分野の研究との関連性も考察していく。認知言語学のアプローチ

の基本は、言語現象を、主体としての人間と環境の相互作用に根ざす、身体化された認知能力と運用能力に基づいて探求していく点にある。この点で、認知言語学のアプローチは、環境と主体の行動のメカニズムの解明に関わる生態心理学、身体論を基盤とする脳科学、知覚の現象学、等の関連分野が提供する知見と密接に関わっている。本書では、これらの関連分野（特に、アフォーダンス理論、ユクスキュルの「環世界」の生物学、メルロ＝ポンティの知覚の現象学、等）の知見が、認知言語学の研究が提示する知見とどのように関わっているかを、認知科学と科学哲学の視点から考察していく。

　本書では、さらに科学哲学的な視点に基づく生成文法と認知言語学の比較を通して、経験科学としての理論言語学の妥当性の問題を考察していく。その際、特に次のような妥当性の基準（e.g. 事実のより包括的な記述・説明の基準、言語学の関連分野への知見の適用性の基準）に基づいて、経験科学としての言語理論の妥当性を検討していく。

　一般に、一つの言語理論の方法論が確立し、考察すべき現象のスコープが方法論的に限定されると、その理論が規定する言語現象だけが注目され、他の現象をも考慮した包括的な研究がなされなくなる傾向が認められる。すなわち、その言語理論に基づく研究が制度的には存続しても研究自体が閉塞的になり、経験事実の予測・説明の包括性が得られないまま研究が続けられる状況に陥る場合がある。この兆候は、次のような状況から推定することができる。(i) 事実の予測・説明の広がりよりも、理論のテクニカルな変更と修正が続いている状況、(ii) 提示される仮説と方法論が「概念的」必然性だけを前提とし、その言語理論が「経験的」に反証不可能な状態

に陥っている状況、(iii) 問題の言語理論が、言語学の関連分野の研究から遊離し、その言語理論に対し関連分野が実質的な知見を期待できなくなる状況。このような閉塞的な状況に陥らないためには、いかなる言語理論も、その理論が前提としている研究パラダイムを科学哲学的な視点から常に検討する必要がある。

　この点で、ウィトゲンシュタインの哲学一般に関する次の箴言は示唆的である：「哲学におけるあなたの目的はなにか――ハエにハエとり壺からの出口を示してやること」（『哲学探究』：309）。この箴言は、科学哲学的な観点からみても重要な意味をもっている。この箴言における「ハエ」を言語学の研究者、「ハエとり壺」を研究者が陥っている学問的な閉塞状況と解するならば、科学哲学の目的は、この研究者にその閉塞状況からの出口を示すことにある。ただし、この「ハエとり壺」の外部も、常に批判的に検討していかなければならない。いずれは、この外部が新たな閉塞状況に至る可能性も考えられる以上、どのような言語理論も、より健全な研究に向けてその前提となる研究パラダイムの批判的な検討を続けていく必要がある。

　本書の目的は、科学哲学的な観点から、構造言語学、生成文法の研究プログラムとの比較を通して、生成意味論を母体として出現した認知言語学の展開の諸相を考察する点にある。認知言語学の研究も着実に進展しているが、この言語学が前提とする研究パラダイムも、学問的な閉塞状況に陥らないように、常にその経験的な妥当性を科学哲学の批判的な視点から考察していく必要がある。この点は、認知言語学だけでなく、どのような言語理論にも当てはまる。本書が、経験科学としての言語学の今後の探究と発展に向けて、何らかの貢献ができるならば幸いである。

本書の巻末の参考文献は、〈参考文献（言語学と関連分野）〉と〈参考文献（生成意味論）〉の二種類に分かれている。前者の文献には、言語学の分野の論文、研究書だけでなく本研究の考察に密接に関わる哲学、脳科学、認知心理学、生態学、進化学、科学哲学、等の文献を挙げている。また、後者の文献には、認知言語学の出現の母体となった生成意味論の古典的な論文、研究書を（その歴史的、学問的な意義を配慮して）かなり網羅的に挙げている。特にこの後者の文献は、認知言語学だけでなく、構造言語学、生成文法、等の理論言語学の学問的な位置づけを試みていく際にも、重要な役割をになう。

　本書の出版にあたっては、森脇尊志氏に、編集、校正の段階で大変お世話になった。今回の出版の作業が適切に、予定以上にスムーズに進んだのも森脇氏のお陰である。この場を借りて、心よりお礼を申し上げたい。

2021 年 5 月吉日

山梨正明

目　次

第 1 章

序

　自然科学のどのような理論も、常に妥当で完璧な理論として存続する保証はない。また、その理論が前提とするパラダイムの妥当性と評価は、研究の進展とともに変わり得る。この点は、言語学の理論に関してもあてはまる。ある時点で、その言語理論の妥当性を保証すると考えられていたパラダイムも、新たなパラダイムにより背景化される場合もあり得る。ただし、新しいパラダイムが常により正しい学問観、言語観に通じていくとは限らない。また、ある学問の世界において、制度化され、一定の期間にわたって存続している理論が、かならずしも経験的に正しい方向にむかって進展しているとは限らない。制度的には存続し、理論の修正・改訂が繰り返されていても、実質的には経験事実から遊離し、閉塞状態に陥っている学問が存在しているという事実は、過去の歴史からも学ぶことができる。

　実質的な意味でその学問が存続し、新しい展開を遂げていくためには、常にその学問の背景となっている科学観を批判的に吟味し、検討していかなければならない。言葉のメカニズムの解明に関わる

言語学の学問観も、つねにこのような批判的な視点から吟味し、検討していかなければならない。もし、経験的に、その言語学の背景となっている科学観、学問観が健全であるならば、ある時代にその研究のうねりが制度的に衰え、また時代によって、その学問が背景化されていったとしても、その言語学が育んだ健全な考え方と視点は、時代をこえて存続していくにちがいない。また、その科学観が健全であるならば、その学問は、ある時点では背景化されるとしても、時代により蘇ってくるにちがいない。

　学問の世界は、イマジネーションを豊かにしていくことによって、無限に広がっていく。言語学も例外ではない。言語学を、せまい意味での言葉の学（あるいは言葉の科学）として理解するならば、言語現象とその背後に存在する言葉のメカニズムを明らかにしていくことが、一応、この分野の目標ということになる。しかし、その研究領域を、はじめからこのように限定していくことには問題がある。言葉の研究も、イマジネーションを豊かにし、視点を柔軟に切りかえていくことにより無限に広がっていく。

　言葉は心の機能のあらわれである。また、脳の機能のあらわれでもある。このように考えていくと、言葉の研究は、心の科学や脳科学の世界につながっていく。言葉の背後には、脳と心が存在している。しかし、脳や心が、人間から切り離されて、宙に浮いている訳ではない。その背後には、言葉を話している生身の人間、われわれが投げ込まれている環境が存在している。その環境は、単なる物理的な環境ではなく、生物的な環境、文化・社会的な環境でもある。それはさらに歴史的な環境であり、生物の延長としてのわれわれが辿ってきた進化の文脈としての環境でもある。

　言葉は、このようなひろい意味での環境のなかで進化し、発達し

てきた伝達の手段の一種である。また、言葉の形式と意味の発現を可能とする人間の認知能力は、環境と言語主体の相互作用を反映するさまざまな身体的な経験に支えられている。現在、新しい言語研究として進展している認知言語学のアプローチは、身体性を反映するさまざまな認知能力の側面から、言葉の世界を探究していくアプローチである。これまでの伝統的な言語学の研究では、言葉の形式と意味の発現を可能とする言語主体の感性や身体性を反映する認知能力の観点から、言葉の世界を探究していく研究は体系的にはなされていない。

　認知言語学のアプローチは、言葉の研究を越える知の探究の世界に通じていく。先にも触れたように、言葉は、心や脳の機能のあらわれでもある。また、心や脳の機能は、環境とインターアクトしていくわれわれの身体機能と密接に関わっている。この点を考慮するならば、心と脳、さらに身体をもったわれわれ自身が、世界とどのようにインターアクトし、世界をどのように意味づけしているかという、ひろい意味での身体性に関わる制約を考えながら、言葉の世界をとらえ直していくことが可能になる。人間が、生物の延長としてどのような身体をもち、どのような環境にどのような形で投げこまれて世界をみているか、といった身体論的な視点が重要な意味をもってくる。もちろん、認知言語学のアプローチが、言葉と人間の知の解明にどこまで迫っていけるかは、経験的に決められなければならない。

　学問の世界は、その時代を反映する科学観や人間観によって多分に左右される。言葉の研究も例外ではない。言語学の分野で提唱される理論も、その時代を反映する科学観や人間観（さらに言えば、その時代の科学観や人間観を支配するパラダイム）によって多分に

左右される。

　以下では、まず言語学の探求の方法と思考法を検討する科学哲学的な観点から、認知言語学を含むこれまでの理論言語学のパラダイムの展開の歴史を考察していく。

　第2章では、科学哲学の観点から、主に生成文法と認知言語学の研究プログラムを比較検討し、理論言語学の科学観と言語観を特徴づけるパラダイムの理論的変遷の過程を歴史的に考察していく。

　第3章では、理論言語学の歴史をさらに遡り、構造言語学から、生成文法、認知言語学へと展開していく言語学の具体的な研究の諸相を綿密に考察していく。特にこの章では、言語学の中心的な研究領域の一つである意味論の研究が、これまでの理論言語学の研究において具体的にどのように展開してきたかを歴史的に振りかえり、今後の理論言語学における意味研究の新たな展望を図っていく。また、文法論、語用論との関連からみた今後の意味論の研究の位置づけを試みる。

　第4章では、現在、学際的な研究が進められている認知言語学のパラダイムの出現の歴史的な背景を考察する。一般に、認知言語学は、生成文法のパラダイムに対抗する新たなパラダイムとして位置づけられるが、歴史的には、認知言語学のパラダイムは生成意味論の研究プログラムを母体として発展してきた研究プログラムである。本章では、生成意味論の出現の時代的な背景とこの研究プログラムの理論的な展開の歴史を考察し、生成意味論からどのような過程を経て認知言語学のパラダイムの出現に至ったかを考察していく。

　第5章では、認知言語学と言葉の研究に関わる修辞学、認知心理学、哲学、脳科学、言語進化、等の隣接分野との関連性を検討して

いく。人間の知のメカニズムの解明を目指す認知科学の視点からみた場合、認知言語学は、せまい意味での言葉の研究を試みる分野ではなく、知覚、推論、連想、等の人間の知のメカニズムの諸相の探求に関わる学際的な研究分野として注目されている。本章では、認知言語学の研究が、言葉の科学としての言語学の研究にどのような知見を提供するかを考察するとともに、知の探求に関わる認知科学の隣接分野との関連性を考察していく。

これまでの理論言語学を歴史的に振りかえった場合、基本的に帰納主義的な科学観に基づく研究と演繹主義的な科学観を前提とする研究がみられる。前者のアプローチでは、データの観察・分析から出発し、帰納的に一般法則を発見していく方向で研究が進められる。構造言語学の研究は、このアプローチを前提としている。他方、後者のアプローチは、データの背後に抽象的な法則をトップダウン的に仮定し、演繹的な推論による予測、検証・反証により法則の一般性を高めていく方法論を前提にしている。生成文法理論の研究は、このアプローチに基づいている。

理論言語学の展開（特に、構造言語学から生成文法理論への展開）を振りかえった場合、データの観察、分析に基づく帰納主義的なアプローチから、仮説、モデル中心の演繹主義的なアプローチへの転換がみられる。生成文法は、この転換は、言語学の研究が、物理学を中心とする近代科学の方法論を理想として、より科学的な言語学の研究に進展してきていると主張する。しかし、この種の主張の妥当性に関しては、経験科学における観察、記述の妥当性と予測、説明の妥当性の観点からの慎重な検討が必要となる。

生成文法の研究は、(i) 事実よりも一般的な仮説と規則の設定が重視される傾向、(ii) 新しい事実の発掘や記述よりも仮説、規

則、等に関するテクニカルな修正・改訂に関する議論が先行する傾向、(iii) 仮説になじみにくい言語現象を無視する傾向、(iv) 言語事実の適否に関する判断が、トップダウン的に仮定される規則や原理からのバイアスによって歪められる傾向が認められる。

　生成文法の代案として登場した認知言語学は、以上のような生成文法の研究にみられる問題を克服し、経験的により実証的で説明力のある言語学のアプローチを目指している。理論言語学の研究が実証的で、経験的に妥当で健全な研究として進展していくためには、科学哲学的な観点から、問題の言語理論が前提としている科学観、言語観とこの種の学問観を暗黙のうちに規定しているパラダイムを綿密に検討していく必要がある。

　以下の考察ではこの点を考慮し、科学哲学的な観点から構造言語学、生成文法、認知言語学の研究プログラムを特徴づけているパラダイムの比較・検討を試み、経験科学としての言語学の進むべき新たな探求の方向を探っていく。ただし、以上の言語理論を適切に検討していくためには、言語理論の比較だけに限定される考察ではなく、認知科学的な観点から、言語学とその関連分野の相互関係に関わる考察も進める必要がある。以下では、言語学を含むより広い認知科学の観点からの考察を進めていく。

　上述のように、言葉は心のあらわれであり、また脳の機能のあらわれでもある。言葉の背後には、脳と心が存在している。さらにその背後には、言語主体としての人間と環境が存在している。その環境は、単なる物理的な環境ではなく、生物の延長としてのわれわれが辿ってきた進化の文脈としての環境でもある。この点からみるならば、言葉の世界には、心、脳、環境、等に関わる要因が密接に関係している。言語理論が、経験科学の理論として妥当であるために

は、単に形式と意味の関係からなる記号系の観点だけでなく、心、脳、環境、等に関わる経験的な制約との関連で、その妥当性を判断していく必要がある。換言するならば、経験科学としての言語学は、さらに心理学、脳科学、生物学、進化学、等の認知科学の関連分野との関わりも考慮して、その理論の妥当性を検討していく必要がある。以下の考察では、言語学プロパーの考察だけでなく、知のメカニズムの解明に関わる、より広い認知科学の観点からの考察も試みていく。

第 2 章

科学哲学からみた言語理論

1. 言語研究と科学哲学的視点

　言語学の研究は、何らかの意味で「科学的な視点」に立脚した言葉の研究を目指している。しかし、「科学的な視点」が何を意味するかは、言語学のパラダイムによって厳密にはことなる。本章では、言語学の研究における方法論とその研究プログラムを支配しているパラダイムを検討していく。とくに以下の考察では、科学哲学的な観点から、生成文法を中心とするこれまでの理論言語学の研究を特徴づける言語観、科学観を批判的に検討する。言語学の研究は、人間の知のメカニズムの探究に関わる認知科学の一分野として注目される。しかし、これまでの理論言語学の研究（とくに生成文法に代表される理論言語学の研究）は、理想化された母語話者に内在すると仮定される抽象的な言語知識の形式化、定式化に力点がおかれ、その背後に存在する言語主体の身体化された認知能力と運用能力との関連で言葉の本質を包括的に探究していく視点が欠如している。以下では、認知言語学のパラダイムを背景とする新しい言語

科学の視点から、これまでの理論言語学の研究パラダイムの本質的な問題を明らかにしていく。また、以上の考察を背景に、認知言語学の視点からみた言葉の科学の新たな研究の方向を探っていく。

2. 言語研究における方法論

　どの学問分野においても、一度その分野に身をおいて研究を始めると、どのような方法論により、どのような理論的な背景のもとに研究を続けているのかを、立ち止まって考える機会を逸してしまうことがある。あるいは、一度、研究が始まると、その研究のあり方や方法論が批判的に検討されないまま、研究が続けられる傾向にある。この傾向は、学問の世界における慣性の法則（ないしは惰性の法則）の反映かもしれない。あるいは、一度、内省を始めれば研究が停止してしまうため、本能的にそのような努力を放棄しているのかもしれない。もちろん、研究を続けることそれ自体に本質的な問題がある訳ではない。問題はむしろ、研究の内容にある。その研究自体が、経験的に拡がりをもち、より包括的な方向に進展していくならば問題はない。問題になるのは、その研究が拡がりと包括性をともなう研究として機能しなくなる場合である。この事情を考慮するならば、どのような研究分野においても、一度、ある時点で立ち止まって、その分野の研究のあり方や理論的な背景を検討してみる必要がある。

　以下では、言語学の研究（とくに理論言語学の研究）における方法論とその研究プログラムを支配しているパラダイムを検討していく。以下の考察では、言葉の科学としての言語研究の視点から、これまでの理論言語学の研究の展開を、まず構造言語学と生成文法理

論の研究の流れを中心に検討する。とくに次節では、科学的な視点を背景とするこの種の言語学の出現の理論的な背景を考察することにより、これまでの理論言語学のパラダイムを特徴づけている言語観、科学観を比較検討する。4節以降では、言葉の科学をめざすこれまでの理論言語学の研究を、新しい言語学のパラダイムとして注目される認知言語学の観点から、批判的に検討していく。

　言語研究のことなるパラダイム、ことなる方法論を比較していくことには重要な意味がある。これまでの言語研究を支配しているパラダイムと方法論を批判的に検討していく過程で、ある時代には見えていなかった重要な学問的視点が浮かび上がってくる。また、ある時代に前提とされていた言語観、学問観の本質的な問題が見えてくる。この批判的な検討を通してはじめて、言語研究の新たな方向の探究が可能となる。

3.　言語研究の科学観とパラダイム

　一般に、理論的な視点にたつ言語学の研究は、何らかの意味で、「科学的な視点」に立脚した言葉の研究を目指していると言うことができる。しかし、これまでの理論言語学の研究の背景となっている「科学的な視点」が何を意味するかは、言語学のパラダイムによって厳密にはことなる。この点は、構造言語学、生成文法、等のこれまでの言語理論のパラダイムを比較した場合に明らかになる。

　例えば、Bloomfield に代表されるアメリカの構造言語学のパラダイムでは、分析者の規範的な判断や主観的な判断を排し、言語事実を客観的に観察されるままに分析していくアプローチが重視される。換言するならば、構造言語学のパラダイムでは、直観 (intuition)、

内観（introspection）をできる限り排除し、直接的に観察可能な言語データから一定の帰納的な手順と操作により、言語の形式、構造、等をボトムアップに記述・分析していく方法論が前提とされている。従って、この線にそった構造言語学のアプローチでは、心、内観、直観といった直接、物理的に観察不可能な概念を否定する行動主義のパラダイム（反メンタリズムないしはフィジカリズムのパラダイム）が研究の背景になっている。アメリカの構造言語学の研究では、このようなアプローチが、言語研究における「科学的」なアプローチとされていた[1]。

　これに対し、生成文法のパラダイムは、構造言語学の言語分析の帰納主義的なアプローチに基づく科学観を否定し、理想化された母語話者に内在すると仮定される言語知識の解明を試みるメンタリズムの科学観をとる。したがって、言語学が研究の対象とする「言語」の意味も変わることになる。生成文法の枠組では、言語能力の心的器官のメタファーを前提にして、言語を、母語話者の心（ないしは脳）に存在すると仮定される「内的言語（I-Language）」（Internalized-Language）と実際の発話の集合体としての「外的言語（E-Language）」（Externalized-Language）に区分し、前者の内的言語としての知識の解明が、文法研究の第一目標とされる。この言語観からみるならば、構造言語学で研究の対象とされた具体的な言語データは、「外的言語」として位置づけられることになる。

　生成文法は、この内的言語としての文法を、無限の記号列を規定する有限の規則の集合として定義し、有限の規則の集合からなる計算体系が再帰的に無限の文を生成するモデルとして規定する。そして、この意味での内的言語としての文法の解明にあたって、物理学に代表される近代科学の説明の方法である演繹的説明による分析を

試みる。この近代科学のアプローチは、具体的な現象の背後に仮説を提示し、これに基づいて新たな事実を予測し、この予測の妥当性の検証・反証を介して仮説の修正（ないしは新たな仮説の提示）を繰り返すことにより、分析対象の本質に迫ろうとするアプローチである。

　以上にみた生成文法のパラダイムは、構造言語学の時代の言語研究に対し、次の方向へ言語研究をシフトしていくことになる：(i)これまで客観的に観察可能な言語事実の記述・分析を重視していたデータ中心の構造言語学の研究から、母語話者の言語直観を重視する内省中心的な研究へのシフト。(ii)帰納的な分析の手順と操作に基づくボトムアップ的な研究から、演繹的な仮説設定とモデル構築に基づくトップダウン的な研究へのシフト。(iii)直接観察不可能な直観、内省を排除する物理的、操作的な分析を前提とする行動科学的、経験主義的な科学観に基づく研究から、普遍的、生得的な能力の存在を前提とする心理主義的、合理論的な科学観に基づく研究へのシフト。以上のような言語研究におけるアプローチのシフトとパラダイムの変換により、構造言語学や伝統的な言語学の研究の時代とことなる理論言語学の研究の場が可能となったと言える。

　しかし、これまでの理論言語学の研究を振りかえった場合、上の(i)〜(iii)の研究のシフトを経た理論言語学の研究が、言葉の形式、意味、運用に関わる体系的な研究を推進する研究プログラムとして、健全な方向で進んでいるとは必ずしも言えない[2]。以下では、新しい理論言語学のパラダイムとして注目される認知言語学の視点から、生成文法を中心とするこれまでの理論言語学の基本的な問題を検討していく。

4. 理論言語学の批判的検討

　言語学の研究は、人間の知のメカニズムの探究に関わる認知科学の一分野として注目されている。しかし、これまでの理論言語学の研究（とくに生成文法に代表される理論言語学の研究）は、理想化された母語話者に内在すると仮定される抽象的な言語知識の形式化、定式化に力点がおかれ、その背後に存在する言語主体の身体化された認知能力と運用能力との関連で言葉の本質を探究していく視点が欠如している[3]。認知言語学は、このような人間の認知能力と運用能力に関わる要因を言語現象の記述・説明の基盤とするアプローチをとる。認知言語学的な視点からみた場合、これまでの理論言語学の研究（とくに生成文法の研究）が前提とする方法論と言語観の問題が明らかになってくる[4]。

A. 言語能力のモジュール性と自律性の問題

　生成文法のアプローチでは、「モジュール的アプローチ」の名のもとに、いわゆる言語能力に関わる知識を認知能力や運用能力に関わる知識から先験的に区分し、前者の知識の自律性を主張している。またこのアプローチでは、文法の形式、構造に関するいわゆる言語的知識の研究が中心となっており、言葉の感性的、身体的な経験に関わる認知能力や文脈的知識、言語外的（ないしは語用論的）知識に関わる運用能力の観点から、言語能力を問い直していく視点は考慮されていない。生成文法の研究が前提とする言語能力の自律性とモジュール性は、先験的に決められるものではない。実際の生きた文脈における言語現象をみた場合、空間知覚、運動感覚、共感覚、感情移入をはじめとする言語主体の感性的な経験や言語外的

（ないしは語用論的）知識が、言葉の形式と構造に密接に関わっている[5]。この事実は、自律的（ないしはモジュール的）な文法知識とされる言語能力は、言語主体の感性的な経験や身体的な経験に関わる運用能力から先験的には区別できないことを意味する。

　言語能力の自律性とモジュール性の問題は、さらに生成文法が前提とする文法性（grammaticality）と容認性（acceptability）の区分の問題とも密接に関係する。この文法性と容認性の区分は先験的な区分であり、実際の言語事実の判断に関わる実証的な証拠によって裏づけられている区分ではない。生成文法では、文法性は言語能力に関わる適切性の問題、容認性は運用能力に関わる適切性の問題として区分される。しかしこの区分は、言語能力と運用能力の区分を前提とする先験的な区分であり、実際の言語事実の判断に関わる実証的な証拠によって裏づけられている区分ではない。上にみたように、言語能力と運用能力のカテゴリカルな区分それ自体に本質的な問題がある以上、言語能力と運用能力の区分を前提にして定義されている文法性と容認性の区分にも本質的な問題があると言わねばならない。

　以上の生成文法のアプローチに対し、認知言語学は、この言語能力と運用能力の先験的な区分とこれを前提とする文法性と容認性の先験的な区分を問題にする。後者のアプローチでは、自律的、モジュール的とされる言語能力に関わる知識は、言語主体の認知能力や運用能力に関わる知識から根源的に問い直される。さらに、言語能力の発現を、感性、身体性に関わる認知能力と文脈的知識や語用論的知識に関わる運用能力の発現の過程から問い直していく認知言語学の観点からみるならば、いわゆる文法性の判断の問題は、言葉の背後の認知能力と運用能力を基盤とする適切性の判断に関わる問

題として根源的に問い直されることになる（cf. 山梨 2000: 6章）[6]。

B.　規則依存のアプローチの問題

　生成文法に代表される形式文法のアプローチでは、文法は有限の規則からなり、この規則の再帰的な適用により、形式的に適切な文の集合を生成する規則依存型のモデルとして規定される[7]。そして、この規則依存のアプローチにより、無限に可能な文を生成していく創造的特質（すなわち、規則支配の創造性）が捉えられるとされる。しかし、実際の人間が使用する言語表現の分布は、生きたコミュニケーションの文脈のなかでその使用範囲が限定されており、このような規則依存のアプローチでは一律には予測できない。この点は、イディオム的な表現のグレイディエンス的分布、プロトタイプ的な表現と拡張表現の相対的な分布の予測に関しとくに問題となる。

　このアプローチの限界は、一見、標準的なデータとみられる言語事実の領域に対して仮定される規則（あるいは、一見コアとみなされる言語表現に対して仮定される規則）の予測性にある。もう一つの問題は、いわゆる言語能力を、柔軟なコミュニケーションの運用能力や認知能力から切り離している点にある。この後者の視点からみるならば、規則それ自体も、根源的にコミュニケーションの能力や認知能力から問い直していく必要がある。言語表現の慣用度の相対性、プロトタイプ的な表現と拡張表現のグレイディエンス的分布によって特徴づけられる多様な言語事実を考慮するならば、いわゆる「規則」は、この多様な事実のうちの標準的に安定していると考えられる言語事実の一部を規定しているに過ぎない。認知言語学のアプローチでは、むしろ実際の言語使用の場から立ち現われるパ

ターンないしはスキーマの一部として規則を捉え直していく。この点からみるならば、規則があらかじめ存在するのではなく、言語使用の場において規則が限定的に作り出され、状況によっては（例えば、創造的なコミュニケーションの文脈では）規則自体が改変され変容していくことになる。認知言語学の視点からみるならば、言語の創造性は、生成文法流の閉じた規則支配の創造性ではなく、規則の解体・変容のダイナミズムによって特徴づけられる開かれた創造性として見直されることになる[8]。

C. 構成性原理と表示レベルの自律性の問題

　生成文法のアプローチでは、文の意味は、構成性の原理に基づき語彙の辞書的意味と文法規則の関数として間接的に規定される。この規定に従うならば、いわゆる文法ないしはシンタクスとしての知識は、純粋に形式的な知識として位置づけられ、意味とは独立した形式的な記号系として表示される。また、辞書的意味と文法規則の関数として規定される意味も記号表示として規定されるが、どちらの表示レベルも、身体性を反映する言語主体の認知能力からは独立した記号系として規定される。すなわち、意味表示のレベルは、統語表示とは別の記号系に翻訳される表示レベルにとどまり、身体性を反映する言語外の要因からの動機づけはなされていない。これらの表示は、あくまで外部世界とインターアクトしていく言語主体の経験的な基盤から独立した、メタレベルの閉じた記号系の一表示レベルにとどまる。

　これに対し、認知言語学のアプローチでは、語彙レベル、句レベル、構文レベル、等のどのレベルの言語単位も、言語主体の概念化の認知プロセスを反映する意味に対応づけられる。換言するなら

ば、これらのどのレベルの言語単位も、派生ないしは構成性の原理によって間接的に規定されるのではなく、認知的な意味をになう単位として直接的に規定される。言語主体の概念化の直接的な反映として位置づけられる言語単位は、ミクロ、マクロのいずれのレベルであれ、ゲシュタルト的な単位として機能する。すなわち、言語単位は、ミクロ、マクロのいずれのレベルであれ、部分の総和からは単純に予測できない性質をもつ統一体とみなされる。

さらに、認知言語学のアプローチは、それぞれの言語単位は、文法体系のなかに独立に存在するのではなく、文法全体の環境のなかに相対的に位置づけられるエコロジー的な言語観に立脚している。このエコロジー的な規定に従うならば、言葉の認知的な基準と運用的な基準からみて、意味と形式の関連性と動機づけが高い言語単位は、文法体系の中核部分により適合した存在として位置づけられる。また、文法の体系全体により適合する言語単位はゲシュタルト的な性質をにない、認知的に単純で、記憶・再生が容易で、習得しやすく、言語使用の文脈においてより理解しやすい存在として機能する。このような形で規定される文法体系は、認知の効率性が最大限になり、形式と意味の動機づけが最大限になるように言語単位を拡張させ、変化させていく方向性をもつ体系として機能することになる。

D.　記号・計算主義の問題

認知言語学のパラダイムは、生成文法に代表される従来の言語学と情報科学の関連分野の基本的なアプローチを問題とする。言葉や情報に関わるこれまでの言語学と情報科学の研究は、「記号・計算主義」のパラダイムを前提とする記号系の形式的な知識の定式化が

中心になっている。このアプローチは、言語情報や記憶、認識に関わる情報は、分節構造をもつ記号系によって「表示」されることを前提としている。また、この線にそった研究は、言葉や心に関わる情報処理のプロセスは、この記号表示に対する一連の「計算」ないしは「操作」の過程であり、言葉と心に関わる情報処理のプロセスは、基本的に記号計算ないしは記号操作の過程として捉えられることを前提としている。

　さらに厳密にみていくならば、この種のアプローチは、基本的に次のような記号観と言語観を前提としている：（i）日常言語の記号系は、外部世界とインターアクトしていく言語主体とは独立に存在し、その形式と構造の体系は命題分節的な記号系によって規定可能である。（ii）この記号系の背後の意味は、言語外の文脈から独立しており、形式に対応する指示対象（ないしは概念）として存在する。（iii）この記号系を特徴づける構成要素としての文法カテゴリーと意味カテゴリーは、言語主体の解釈からは影響をうけずに独立に存在する。したがって、（iv）この種のカテゴリーからなる記号系の構造と意味は、自律的な記号表示によって規定することが可能である。

　この種の前提に基づく記号観、言語観に対しては根本的な問い直しが必要となる。カテゴリー化され安定しているようにみえる日常言語の構成要素（語彙、構文、概念、等）は、一見したところ人間の主体的、主観的な経験から独立し、自律的な言葉の構造を保証しているようにみえる。しかし、実際の言語現象には、主体の創造的な視点の投影、視点の転換、主観的なイメージの形成と変容、カテゴリーの拡張、焦点化のずれ、等によりゆらぎが生じ、自律的に安定した記号系として捉えていくことは厳密には不可能である。この

事実を考慮するならば、日常言語の世界を、形式と意味の対応関係に基づく表示レベルと、このレベルに適用する規則による操作（ないしは計算）として規定していく従来の言語学と情報科学のパラダイムには、本質的な限界があると言わねばならない[9]。

E. 経済性の原理に基づく記述・説明の問題

　生成文法のパラダイムは、次の点で、経済性の原理に基づくミニマリストのアプローチを前提としている：(i) 文法はできるかぎり限定された記述の集合として規定され、余剰性を排除する。すなわち、文法の中核部分を最小限に規定する。(ii) 規則の一般的な規定から予測される情報は、すべて文法からは排除する。(iii) 文法規則が、特定の言語構造を一般的に規定するならば、その特定の言語構造それ自体は文法において個別にリストする必要はない。

　このアプローチは、一般的な記述（ないしは規則）がすべての事例に例外なく適用すると仮定している点、さらに、文法は、最小限に可能な記述により最大限の言語事実を予測し説明すると仮定している点で、経済性の原理に基づくミニマリストの前提に立っている。また、このアプローチは、言語に関する一般規則と普遍原理から、自然言語の形式的に適切な文の集合（しかも、この集合のみ）を予測するという仮定に立っている点で、公理主義的で還元主義的なアプローチを前提としている（cf. Chomsky1965, 1995）。しかし、生きた文脈における実際の言語現象は、慣用性、余剰性、部分的な規則性と拡張性によって特徴づけられており、公理主義的でトップダウン的アプローチの言語分析が期待する規則の一貫性や（余剰性を排除する）経済性によって特徴づけられている訳ではない。

　日常言語のなかには、基本的なプロトタイプの表現から周辺的な

表現、拡張的な表現、慣用的な表現が広範に存在する。この拡張性や慣用性によって特徴づけられる言語現象は、（公理主義的な予測を前提とする）経済性の原理に基づく規則依存のアプローチでは説明できない。生成文法のアプローチでは、経済性の概念に基づく規則適用の原理を基盤とする普遍文法を仮定し、この普遍文法の存在を前提として、言語現象に関するトップダウン的な予測と説明を試みる。（この経済性の原理を前提とする生成文法のアプローチの本質的な問題に関しては、さらに7節で論じる。）これに対し、認知言語学のアプローチでは、具体事例からのスキーマ化、スキーマの拡張による新しい事例の予測と取りこみ、具体事例の間のブレンディング、さらに類似性、近接性の認識に基づく事例間の継承（ないしは、インヘリタンス）、等の認知能力に基づいて、余剰性、拡張性、慣用性にみちた言語現象の実証的な記述と説明を試みていく[10]。

5. 言語研究の理論負荷性と検証・反証の問題

　言葉を構成する個々の語彙（ないしは用語）には、何らかの意味で、われわれの主観的な視点による概念化が反映されている。これは、日常言語だけに当てはまるのではなく、言語学の研究対象を記述するために使われるメタ言語の語彙（ないしは用語）にも当てはまる。言語研究において使われる用語（例えば、「文法性」/「容認性」、「記述」/「説明」、「内的言語」/「外的言語」、「記述的」/「理論的」、「言語内的知識」/「言語外的知識」、等の用語）も、問題の言語研究の前提となっているパラダイムにより主観的に概念化されている[11]。

別の観点からみるならば、言語学の研究対象を記述するために使われるメタ言語の語彙（ないしは用語）の意味は、問題の言語研究が前提とする文法観によって多分に左右される。その一例は、生成文法が前提とする文法性と容認性、言語能力と言語運用、言語内的知識と言語外的知識、等の二分法的な区分にみられる。この研究パラダイムでは、例えば、文法事実の一般化に反する要因（ないしはこの要因に起因する反例）が指摘された場合、この研究が前提とする二分法的な区分に基づき、次のような反論を試みる場合がよくみられる。この反論は、文法的な事実の一般化に反する要因は、実は言語能力に関わる文法プロパーの要因ではなく、言語運用ないしは言語外的な知識に関わる要因であるとして、この要因に起因するとされる反例を否定し、文法事実に関する一般化から除外していく傾向にみられる。

　生成文法の枠組では、心的器官のメタファーを前提にして、言語を、心的に内在すると仮定される「内的言語（I-Language）」（Internalized-Language）と実際の発話の集合体としての「外的言語（E-Language）」（Externalized Language）に区分している。しかし、この区分は、上で問題にした言語能力と言語運用の二分法的な区分と同様、生成文法の研究プログラムにおける「概念的な必然性」（conceptual necessity）（Chomsky 1995: 169）としての区分であり、研究対象の内在的な特質に由来する「経験的必然性」（empirical necessity）に基づく区分ではない（山梨 2000: 273）。

　最近の生成文法の研究（とくに、極小主義を背景とするミニマリスト・プログラムの研究）は、この先験的な区分を前提として、具体的な言語事象、言語資料に関わる外的言語の綿密な分析から次第に遊離し、いわゆる内的言語の知識を規定するための理論仮構物

（e.g. LF-表示／PF-表示、派生、素性照合、併合、スペル・アウト、等）を前提とする文法モデルのテクニカルな修正・改訂の研究が中心になっている。生成文法のアプローチ（とくに、ミニマリスト・プログラムのアプローチ）では、その文法モデルの仮説構築に際し、「概念的な必然性」という用語を導入し、この概念的な必然性の要請のもとに、抽象的な表示レベル、規則、原理、下位理論、等の一部がトップダウン的に廃止され、それに代わる理論仮構物が提案される状況が続いている。また、この場合の仮説構築、ないしはこれを構成する理論仮構物の修正・改訂は、あくまで「概念的」な修正・改訂であり反証不可能な状況になっている[12]。

　この状況をもたらしている決定的な一因は、生成文法の前提となっている内的言語と外的言語の先験的な区分にある。生成文法のアプローチが解明の対象としているのは、言語の表層レベルに具現化している言語事象ではなく、理想的な母語話者に内在すると仮定される抽象的な文法知識である。したがって、この文法理論における仮説（ないしは、これを構成する理論仮構物）の修正・改訂は、内的言語に関わる事実によって検証されなければならない。しかし、内的言語に関わる知識は、直接的には観察不可能であり、実際に観察可能な言語事実は外的言語に関わる事実である。したがって、実際の仮説、理論の修正・改訂の検証は、外的言語として具現化する言語現象に経験的な基盤を置かなければならない。しかし、生成文法の分析のターゲットは、内的言語に関する事実であり、外的言語として具現化する経験事実を検証（ないしは反証）の直接的な証拠とすることは不可能である。ここに、科学的なアプローチを前提としているはずの生成文法の研究のパラドックスが存在する[13]。皮肉なことに、このパラドックス（ないしは内的矛盾）が、

生成文法の理論的な修正・改訂の繰り返しを無限に可能にするとも言える。何故なら、仮にある言語学者が、この文法理論に対し反例と考えられる言語事実を指摘したとしても、それは表層レベルにおける外的言語に関わる事実であり、内的言語に関わる事実ではないとして、その事実を無視することができるからである[14]。

理論言語学では、ある種の仮説や理論仮構物が提示されたり修正される場合、かならずしも経験的な証拠によらず、「理論内的な要請」（あるいは、「概念的な必然性」）のもとに、問題の仮説や理論仮構物が提示されたり修正されるケースがよく見うけられる。この場合、その言語理論が前提とする基本的な仮説が経験的な基盤に根ざしているならば、その仮説を前提として導入される下位理論や理論仮構物の検証を試みていくことには科学的な意味がある。しかし、もしその言語理論が前提とする基本的な仮説が経験的な基盤に根ざしていない場合には、その仮説から派生される下位理論と理論仮構物は、経験事実を離れたその言語モデルにおける「理論内的な要請」、あるいはその言語モデルを理論的に規定する「概念的な必然性」にとどまるものであり、その理論の言語科学としての検証は意味をなさないことになる[15]。

6. 理論言語学における検証と反証可能性の問題点

一般に、ある一つの方法論が確立し、その方法論によって考察すべき現象の一部が自律的に限定されると、その方法論が規定する言語現象だけが注目され、他の現象をも考慮した包括的な研究がなされなくなる傾向がある。この傾向は、いわゆる自然科学の分野だけでなく、自然科学と人文科学の領域にまたがる言語学の研究にもあ

てはまる。言語学のある理論に基づく研究が制度的には存続していても、その言語理論の研究が閉塞的になり、経験事実の予測・説明の包括性が得られないまま研究が続けられている場合（例えば、問題の言語理論が、次の（A）～（D）の傾向を示す場合）には、その言語理論が前提とする研究プログラムに本質的な限界が認められることになる（山梨 2001a: 24）。

(A) 事実の予測・説明の広がりよりもフォーマリズムのテクニカルな変更と修正だけが続いている場合。

(B) アプリオリに提示される仮説と方法論が恣意的で、問題の言語理論の主張が実質的に反証不可能な状態に陥っている場合。

(C) 哲学的なメタレベルのテーゼ（ないしは仮説）と実際の経験事実に関する予測・説明との間の実質的な隔たりが大きくなり過ぎている場合。

(D) 言葉の科学の関連分野の研究から遊離し、その言語理論に対し関連分野が実質的な知見を期待できなくなった場合。

どのような研究も、その研究を規定している方法論とその背後に存在する研究パラダイムをある時点で厳密に検討する必要がある。言語学の研究の実質的な評価をしていくためには、以上の（A）～（D）の問題を厳密に検討していかなければならない。

　言葉の研究を科学的な視点から進めていくためには、研究対象の言語の記述・説明に関するある一定の仮説が必要となる。しかし、これまでの理論言語学の研究（とくに生成文法にみられる研究）をみた場合、提出される仮説が、あらかじめその文法モデルの理論的

な帰結を導出するように、言語（ないしは言語事実）に関する解釈とスコープをトップダウン的に規定する状況が出てきている。この傾向と上の（A）〜（D）の傾向は、問題の言語研究が、実質的な意味での経験科学として機能しているかを判断する際のネガティヴな評価のインデックスとなる。言語学の研究（とくに理論言語学の研究）が経験科学として健全に進展しているか否かを判断するためには、以上の点を考慮する必要がある[16]。

7. 科学としての言語学の理想と現実

　言語学の研究あるいは広い意味での言葉の研究は、いわゆる理論言語学だけに限られる訳ではない。言語研究のアプローチとしては、理論的なアプローチだけでなく、規範的なアプローチ、記述的なアプローチも考えられる。これまでの言語学の研究、特に文法を中心とする言語学の研究を概略的に区分するならば、語法の研究を中心とする伝統的な規範文法の研究、言語現象の体系的な分析をめざす記述文法の研究、言語現象の背後の規則性、法則性の解明を目標とする理論言語学の研究に、一応、区分することができる。ただし、この種の区分は、絶対的な区分ではない。この区分を字義通りに解釈するならば、規範文法には、記述的な視点と理論的な視点は欠如しており、また記述文法の研究には、科学的な言語学の研究が前提とする理論的な視点が欠如しているように解釈することも可能である。しかし、この種の解釈は、ある意味でミスリーディングな解釈である。伝統的な規範文法の研究のなかにも、言語事実に関する記述的な側面を見てとることも可能である。また、いわゆる記述文法の研究にも、言語現象をどのようにカテゴリー化し体系化する

かに関する理論的な視点を見てとることも可能である。これらの点を考慮するならば、「規範的」、「記述的」、「理論的」という用語によって、これまでの言語研究を絶対的に、下位分類していくことは厳密には不可能である。

ただし、これまでの研究では、いわゆる理論言語学の研究が科学的な言語学の研究とされ、規範的な言語研究や記述的な言語学の研究は、言語教育的な視点ないしはデータ重視の観察的な視点を重視した言語研究として、理論言語学のいわゆる科学的な研究から区別される傾向があったと言える。ここで問題になるのは、いわゆる「科学的」な言語学の意味である。言語学の研究が「科学的」な研究をめざすという場合、一般的には、物理学を中心とする近代科学の方法論を模範とする一つの方向性がみられる。この近代科学の方法論は、すくなくとも次の諸点（すなわち、理想化、公理・演繹的説明、妥当性の基準、等）を前提としている。しかし、言語学の研究において安易にこの種の方法論を援用することには問題がある。

言語学の研究（例えば生成文法の研究）では、「理想化」を前提として、言語現象に関わる要因から言語運用に関わる側面（言語干渉、情報処理プロセス、個人差等に関わる要因）を捨象し、理想化された母語話者の抽象的な文法知識を研究の対象とする。しかし、3節の考察から明らかなように、科学（例えば物理学）が対象とする自然現象と同じ意味で、社会、文化、歴史、等の要因が関わる言語現象の一部を抽象的な知識として仮定し、分析の対象として理想化することには本質的な問題がある[17]。

また、理論言語学の研究では、科学的なアプローチを理想として、自然科学の研究にみられる公理主義的アプローチを背景とする演繹的説明を試みようとする。基本的に、科学における公理主義的

アプローチは、明示的に定式化された仮説から現象がトップダウン的に予測されるように、自然現象に関する理論を構築するアプローチである。また、演繹的説明によるアプローチは、仮説の提唱と事実による仮説の検証・反証、仮説の修正によって現象の説明を試みるアプローチである。理論言語学の研究の一部（例えば生成文法の研究）では、この種の自然科学の説明法を理想として仮説の提案、修正が試みられている。しかし、6節の（A）〜（D）に指摘したように、理論言語学における、一見、科学的にみえるこの種の仮説の提案、修正の現実をみた場合、この線にそった研究は、経験科学として健全な方向へ向かっているとは言えない状況にある。その一因は、表層レベルの言語現象の分布関係の理由づけのために、抽象的な統語表示や概念構造を設定し、この抽象的な表示レベルからトップダウン的に表層レベルの言語現象の分布関係が予測されると主張する点にある。この場合、現象の説明（ないしは理由づけ）のために仮定される（理論仮構物としての）統語表示や概念構造が、経験事実による裏づけがなされないまま設定される場合がとくに問題になる。この線にそった理論言語学の研究では、抽象的な理論仮構物の設定によって、表層レベルの言語事実の分布関係の理由づけがなされたと主張されることがよくある。しかし、この種の理由づけと、自然科学の分野の実験に裏づけされた仮説による現象の経験的な予測・説明を、短絡的に、同じ意味での説明であると主張することには本質的な問題がある。

8. 理論言語学の科学性と妥当性の問題点

理論言語学の分野では、科学における妥当性の基準を考慮するこ

とにより、言語研究の「科学性」を保証する試みがなされてきている。この基準のなかでも、とくに観察の妥当性、記述の妥当性、説明の妥当性は、言語研究の科学性を保証するうえで重要な役割をになう。観察の妥当性は、与えられた言語に関する事実が、分類・体系化の作業の前の段階において、その言語の具体的な言語データとして適切に把握されているか否かの基準、記述の妥当性は、与えられた言語に関する事実が適切に分類され体系化されているか否かの基準、さらに説明の妥当性は、そのように分類され体系化される現象の背後の規則性、法則性が規定されているか否かに関する基準として区別される[18]。この種の基準は、理論的にどのような研究のスタンスをとるにせよ、一応、言語研究の科学性を判断する際の一般的な基準と考えられる[19]。

　言語研究における妥当性の基準としては、さらに簡潔性、経済性などの基準が考えられる。この種の基準は、やはり自然科学の一般化に関わる簡潔性、経済性の基準を理想として設定されている。この理念は、生成文法における評価尺度の問題や計算の効率性を前提とする文法観に反映されている。前者は、複数の文法の候補が仮定された場合、より簡潔な文法を選ぶという指針、後者は、言語は簡潔性、経済性、非冗長性を前提とする計算の効率性によって動機づけられなければならないという指針である。この種の指針は、一見したところ、自然科学における簡潔性、経済性の基準に通じるようにみえる。しかし、言語研究におけるこの種の基準には本質的な問題がある。

　確かに、自然科学においては、一般に、仮定される規則、法則が簡潔で経済的であればあるほど、事実に関する予測性が高くなるという研究上の指針が暗黙のうちに認められる傾向にある。自然界は

無駄のない、シンプルでエレガントな世界であるという近代科学（あるいは前 - 近代科学）からの確信と、物理学を中心とする自然科学の成果からみるならば、簡潔性、経済性の基準が自然科学における研究の指針とされる点は一応理解できる[20]。しかし、この種の基準の言語研究への適用の妥当性を判断するためには、言語現象と自然現象の本質的な相違、問題の言語理論の前提となっている言語観、文法観を慎重に検討する必要がある。まず、現象面からみた場合、言語現象は離散的な記号系によって特徴づけられる現象であり、この点で、物理現象をはじめとする自然現象とは本質的にことなる。したがって、自然科学における簡潔性、経済性の基準が、言語研究の一般化に適用できるとは短絡的には言えない。もう一つの本質的な問題は、「科学性」をめざす問題の言語理論が前提とする言語観（ないしは文法観）にある[21]。

　3節の考察から明らかなように、これまでの言語観（とくに生成文法の言語観）は、記号・計算主義のパラダイムを前提とし、言葉は記号表示に対する一連の計算の過程（ないしは記号操作の過程）として規定されることを前提としている。また、この言語観によれば、文法は有限の規則により無限の文を生成する計算システムであることが前提とされる。ここで注意すべき点は、生成文法における評価尺度や計算の効率性の問題（あるいは、これに関係する簡潔性、経済性の問題）は、この種の記号・計算主義の言語観を前提としてはじめて問題にされる点にある[22]。したがって、この生成文法の言語観とはことなる言語理論では、かならずしも簡潔性、経済性の基準は問題にならない。例えば、生成文法の言語観では、記号表示の経済性、派生操作の経済性などが問題とされるが、記号計算や派生といった理論的な仮構物にコミットしない言語理論において

は、最初からこの種の簡潔性、経済性の基準や評価の尺度の問題は存在していない[23]。この種の問題は、あくまで問題の言語理論を支配する言語観ないしはパラダイムから「概念的」に導出される理論上の問題であり、かならずしも言語事実から導出される「経験上」の問題とはことなる点に注意しなければならない。

　例えば、認知言語学のパラダイムでは、生成文法の記号・計算主義は前提とされていない。また、文法は有限の規則によって無限の文を生成する計算システムといったトップダウン的な規則依存の文法観も前提とはされていない。認知言語学のアプローチでは、トップダウン的な規則によって可能な文を派生的に規定していくのではなく、むしろ主体の言語使用や言語習得の過程に注目するボトムアップ的なアプローチを重視する。このアプローチでは、具体的な事例の定着度、慣用度との関連でスキーマを抽出していくプロセスに注目し、このスキーマとの関連で他の具体事例の予測を行い、このスキーマの動的な拡張のプロセスを介して新しい事例を規定していくという、言語使用、言語運用を重視したアプローチをとっている。

　記号計算や派生といった理論仮構物にコミットしない認知言語学のパラダイムにおいては、簡潔性、経済性の基準や評価の尺度は、最初から問題にはされていない[24]。先にも触れたように、この種の基準と評価の尺度に関わる問題は、あくまで問題の言語理論が前提とするパラダイムから「概念的」に導出される理論上の問題であり、かならずしも言語事実によって裏づけられる「経験上」の問題ではない点に注意する必要がある。

　以上の考察から明らかなように、言語研究おける科学性と妥当性の問題を論じる際には、その言語理論を支配する言語観（ないしは

文法観)、あるいは問題の言語理論が前提としているパラダイム
を、理論面・実証面の双方の観点から厳密に検討しなければならな
い[25]。

9. 言語研究の展望

　自然科学の研究には、帰納主義的な科学観と演繹主義的な科学観
の展開がみられる。前者のアプローチでは、データの観察・分析か
ら出発し、帰納法により一般法則を発見し、さらに帰納を重ねてい
くことにより法則の一般性を高めていく方向で研究が進められる。
これに対し、後者のアプローチは、データの背後に抽象的な法則を
トップダウン的に仮説として設定し、この仮説からの演繹的な推論
による予測、検証・反証の繰り返しにより法則の一般性を高めてい
く方法論を前提にしている。理論言語学の展開を振りかえった場
合、一般的な傾向として、データの観察、分析に基づく帰納主義的
な言語観から、仮説、モデル中心の演繹主義的な言語観への転換が
みられる。この種の転換は、一見したところ、言語学の研究が、物
理学を中心とする近代科学の方法論を理想として、より科学的な言
語学の研究に進展してきているという印象を与える。しかし言語学
の研究が、真に科学的な研究として機能しているか否かを見極める
ためには、この科学的な方法論とされる演繹的なアプローチを前提
とする理論言語学の研究が、実際の研究の場において、どのような
傾向を示しているかを検討してみる必要がある。

　最近の理論言語学の研究、とくに演繹的、公理主義的な方法論を
前提とする生成文法の研究には、次のような傾向がみられる。

A. 事実よりも一般的仮説と規則の設定が重視される傾向

B. 新しい事実の発掘よりも仮説、規則、等に関するテクニカルな修正・改訂に関する議論が先行する傾向

C. 仮説や規則、原理のスティピュレイションを重視し、言語事実の経験的な側面よりも論理の整合性を重視する傾向

D. 抽象的な仮説から演繹的な説明を指向し、この方法論になじみにくい言語現象（とくに意味、言語運用、等に関わる言語現象）を無視する傾向

E. 言語事実の適否に関する判断が、トップダウン的に仮定される規則や原理からのバイアスによって歪められる傾向

　理論言語学の研究がより実証的で、経験的により包括的な研究として進展していくためには、自然科学の分析・説明の手段として援用される方法論と言語学が研究の対象とする言語現象の整合性（ないしは適合性）を厳密に検討する必要がある。

　日常言語は、長い進化の過程をへて獲得された人間の重要な伝達手段である。また日常言語は、人間と外部世界との相互作用から発達してきた歴史的、社会・文化的な所産の一部である。この点を考慮した場合、日常言語を単に形式と意味の関係からなる自律的な記号系として規定することには本質的な問題がある。文法の研究を中心とする生成文法の研究は、日常言語の文法は、形式的で自律的な記号系であるという前提に立っている。この前提に立って文法を理念的（ないしは概念的）に定義するならば、文法を数理的なモデルとしてトップダウン的に仮定し、演繹的、公理主義的な方法論を前提にして、文法現象（形式的な記号系としての文法現象）を研究のターゲットとするゲームを続けることは可能である。しかし、この

種の言語観は、記号・計算主義を前提とする形式文法の数理モデル
を概念的に前提とする言語観であり、必ずしも経験的な事実に基づ
いて構築された言語観ではない。

　21世紀に入り、言語学の研究は、いろいろな意味で一つの転機
にさしかかっている。言語学の研究が実証的で、経験的により包括
的な研究として進展していくためには、文法とは何か、言語は人間
の伝達手段のどの側面を反映しているか、言語学は人文科学、自然
科学とどのような関係にあるか、言語学の方法論はどのような学問
観、科学観に支配されているか、といった言葉の研究に関わる本質
的な問題を、根源的に問い直していく必要がある。

　注

1　この種の構造言語学のアプローチは、Bloomfield－学派の構造言語学の
　　アプローチであり、構造主義の時代の言語学者が、すべてこの種のアプ
　　ローチにコミットしている訳ではない。例えば、Sapir、Pike に代表さ
　　れる構造言語学の研究は、操作主義、フィジカリズムに基づくこの種の
　　アプローチにはコミットしていない（cf. Sapir 1921, Pike 1967, etc.）。
2　生成文法のアプローチは、帰納的な分析の手順と操作に基づくボトム
　　アップ的な研究から、演繹的な仮説設定とモデル構築に基づくトップダ
　　ウン的な研究へシフトした点では、研究のパラダイムを変換したと言え
　　る。しかし、生成文法のアプローチは、言語現象の背後に、自律的な記
　　号系の存在と記号の恣意性を前提としている点では、依然として広い意
　　味での構造言語学の前提を継承している。
3　言葉の形式、構造の記述と定式化を中心とする言語学の研究は、生成文
　　法のアプローチだけでなく、構造言語学のアプローチにも当てはまる。
　　後者のアプローチの基本的な考え方に関しては、とくに Bloomfield（1933）
　　を参照。

4 認知言語学の研究プログラムに関しては、特に Lakoff (1987)、Langacker (1987, 1990, 1991, 2008a)、Lakoff and Johnson (1999)、Talmy (2000)、Taylor (2002)、等を参照。

5 生成文法のモジュール性の仮説は、Fodor (1983) のモジュール性の仮説とはことなる。後者の仮説では、モジュール性は、周辺処理系には認められるが中央処理系には認められない。これに対し、生成文法の普遍文法の仮説では、モジュール性は、脳の中央処理系にも仮定される。「モジュール」という用語は、言語学の分野において安易に使われているが、この概念の理解に関しては、情報の遮断性、領域固有性と知識の全体性／部分性の観点（cf. Quine 1953）からの厳密な検討が必要となる。言語学と情報処理の関連分野で比喩的に使われている「モジュール」という用語の本質的な問題に関しては、山梨 (2000: 6.9 節) を参照。

6 認知言語学が重要視する〈身体性〉の視点に関しては、Johnson (1987)、Lakoff and Johnson (1999)、Langacker (2008a)、山梨 (2000)、等を参照。また、先験的な言語能力と言語運用の二分法的な区分の問題に関しては、山梨 (1991) を参照。

7 生成文法の理論的な修正・改訂の過程では、文法の理論的な位置づけに関し、用語上のテクニカルな修正がみられる。しかし、生成文法のアプローチでは、基本的には「規則依存」のモデルが前提となっている。

8 この意味での言葉の創造性に関しては、さらに山梨 (2000: 6 章) を参照。

9 記号・計算主義の言語学のアプローチの問題に関しては、Lakoff (1987)、Lakoff and Johnson (1999)、山梨 (2000) を参照。

10 この線に沿った認知言語学の分析は、用法基盤モデル（Usage-Based Model）の分析に基づいている。このモデルの具体に関しては、とくに Langacker (2000b)、山梨 (2000: 5 章) を参照。用法基盤モデルは、言語習得のモデルとしても注目されている。認知言語学における言語習得の研究に関しては、Tomasello (1995)、Yamanashi (2002)、黒田 (1998) を参照。

11 科学哲学的な観点からみた「パラダイム」の概念に関しては、Kuhn (1962,

1996）を参照。

12 科学における反証可能性の問題に関しては、Popper（1963）、Hanson（1958）、Hempel（1966）を参照。

13 このパラドックスは、言語研究の科学性を保証するはずの反証可能性の視点からみても問題となる。

14 生成文法の立場からするならば、この文法理論における理論的な修正・改訂は、その研究プログラムを構成する防備帯（protective belt）[cf. Lakatos 1970] に関わる修正・改訂の問題であると主張する可能性も考えられる。しかし、ここで問題とする内的言語／外的言語の先験的な区分は、生成文法の研究パラダイムの言語観が前提とする堅固な核（hard core）に関わる本質的な区分である。換言するならば、この種の二分法的な区分は、科学としての文法モデルを主張する生成文法の研究パラダイムの妥当性の根幹に関わる問題である。

15 生成文法における「理論内的な要請」と「概念的な必然性」を前提とする理論修正の本質的な問題に関しては、さらに山梨（2000: 6章）を参照。

16 本節で考察した理論言語学における検証と反証可能性の問題に関しては、さらに山梨（1999, 2001a, b）を参照。

17 一般に、理論言語学の分野では、理想化により、いわゆる言語能力としての知識を言語運用に関わる知識から区別している。しかし、言語現象のなかには、言語運用に関わる要因を考慮しなければ、言語能力に関わる現象を説明できない事例（言語変化、文法性の判断のゆらぎ、等）が広範に存在する。以上の理想化による言語能力と言語運用の区分の問題に関しては、山梨（1991）、Langacker（2000a）を参照。

18 ある理論言語学の特定の見地から、妥当性の基準を規定していくアプローチも考えられる。その一例は、生成文法の「記述の妥当性」と「説明の妥当性」の基準にみられる（(i)「記述の妥当性」：文法が、理想化された母語話者の内在的な言語能力を適切に記述している場合、(ii)「説明の妥当性」：一次的な言語データに矛盾しない可能な文法の中から、その母語の文法を適切に選択する場合）。生成文法における妥当性の基

準は、単純には、言語研究における一般的な見地からみた妥当性の基準と比較することはできない。生成文法が問題とする妥当性の基準の「妥当性」を評価するためには、この文法理論が前提としている「言語能力」、「理想化された母語話者」、「文法」、「文法性」、等の理論的な概念と、この文法理論の言語観の背景となるパラダイムを厳密に検討する必要がある。（生成文法の観点からみた妥当性の基準に関しては、Chomsky（1965: 26–27）を参照。）

　ここで問題とされる妥当性の基準が経験的に妥当であるか否かは、先験的に生成文法の言語観が前提とする「母語話者の内在的な言語能力」、（可能な文法の中から適切な文法を選択する）「評価の基準」（evaluation measure）、等の理論的概念の経験的な妥当性に多分に左右される。生成文法のこの種の理論的概念の問題に関しては、山梨（2001a：2.4節）を参照。

19 ここで問題にする妥当性の基準のレベルは、「観察の妥当性」＜「記述の妥当性」＜「説明の妥当性」の順で、研究における科学性の評価のランクが高くなる。ただし、この種の妥当性の基準の評価（ないしはランクづけ）は、厳密には、問題の言語研究がどのような理論（あるいは、どのようなパラダイム）を前提としているかによって多分に左右される。

20 歴史的には、自然科学におけるこの種の指針は、ヨーロッパの中世、近世におけるネオ・プラトニズムの思想からの継承とみることもできる。この種の思想を前提にして、「日常言語は、無駄がなく、簡潔でエレガントなシステムである」と主張することは論理的には可能である。

　この種の思想ないしは理念は、最近の生成文法のミニマリスト・プログラムの言語観（すなわち、言語は、最適性に裏うちされた簡潔でパーフェクトなデザインであるという言語観—cf. Chomsky（2001: 2））に反映されている。しかし、この場合にも、言語が、何をもって最適であり、何をもって簡潔でパーフェクトなデザインであるのかに関する経験的な原理は示されていない。またこの場合、そもそも「言語」が、科学における自然現象と同じレベルで研究の対象となるか否かが本質的に問

題になる（cf. 6 節、8 節）。

21 自然科学における簡潔性、経済性の基準の問題に関しては、Hempel（1966: 40–46）を参照。

22 生成文法理論における簡潔性と経済性の基準は、問題の文法モデルの理論上の要請を前提としているが、簡潔性と経済性の概念が明確な概念として定義されている訳ではない。生成文法理論では、何をもって簡潔的（ないしは経済的）と判断するかの経験的な原理は提示されていない。

23 生成文法では、簡潔性や評価の基準は、言語習得の問題に関連づけて論じられる場合もあるが、この種の基準は、かならずしも他の文法理論（例えば、認知言語学における言語習得の理論）では、経験的な基準としては問題とされていない。認知言語学のパラダイムに基づく言語習得理論の位置づけに関しては、Tomasello（1995, 2000, 2003）、Yamanashi（2002）、黒田（1998）、等を参照。

24 認知言語学のパラダイムからみた記号・計算主義の言語モデルの問題に関しては、さらに Langacker（1987, 1990, 2008a）、Lakoff and Johnson（1999）、山梨（2000）を参照。

25 言語研究が実証的で科学的な研究として機能しているか否かを判断する基準としては、さらに包括性、無矛盾性、体系性、予測性、反証可能性、等の基準も考えられる。この種の基準と言語理論の科学性の問題に関しては、第 5 章で具体的に考察していく。

第 3 章

理論言語学における
意味研究の歴史と展望

1. 言語学における意味研究

　日常言語は、基本的に音と意味の関係からなる記号系の一種として位置づけられる。この種の記号系では、音に関わる言語現象は、意味に関わる言語現象に比べて具体性が高い。言葉の音声的な側面（特にその物理的な音声現象）は具体的であり、実証的な記述と分析が可能である。これに対し、言葉の意味は、音声現象のように具体的な把握は困難である。言葉の意味は、直観的には把握可能ではあるが、意味に関わる現象を直接的に観察することは不可能である。したがって、言語学の研究の歴史を振りかえった場合、音声学や音韻論に関する研究は、実証的な道具立てを用いてかなり広範になされている。これに対し、意味論の研究は、音声学や音韻論の研究にくらべ実証的な研究が広範にはなされていない。この点は、理論言語学の研究の歴史にも当てはまる。ここで問題とする理論言語学の研究としては、特に構造言語学、生成文法、認知言語学に代表される理論言語学の研究を念頭に置いている。本章では、科学哲学

的な観点から、これらの理論言語学における言葉の意味に関する研究の歴史を振りかえり、今後の理論言語学における意味研究の進むべき方向を探求していく。

2. 理論言語学における意味論──歴史的展望

　日常言語は、形式と意味の関係からなる記号系の一種である。言語学の目的は、この形式と意味が関わる記号系のメカニズムの解明にある。したがって、言語学のいかなる理論も、言葉の形式と構造に関わる言語現象だけでなく、意味現象の体系的な研究を可能とする理論の構築が重要な役割をになう。

　理論言語学の研究の歴史を振りかえった場合、これまでの主要な言語学の研究（特に、構造言語学と生成文法の研究）は、音韻・形態的な側面ないしは統語的な側面の研究が中心となり、意味の側面に関わる体系的な研究は、本格的にはなされていない。理論言語学の研究における意味に関する本格的な研究は、認知言語学のパラダイムの出現によって初めて可能になったと言える。

　歴史的にみた場合、構造言語学において意味の研究が等閑視されたのは、構造言語学の次のような言語観に起因する[1]。

　A.　反メンタリズム
　　　直接観察できない内観、内省という心的過程に関わる要因を研究対象から排除する。
　B.　物理主義／機械主義
　　　言語の記述・分析に際し、物理的、客観的に観察可能な対象のみを研究の対象とし、言語研究が科学として確立する

　　　　方向を示す。

　C.　分類学的言語学

　　　　直接観察できる言語現象の分類を重視する。具体的な言語
　　　　資料の観察と記述から出発する。

　この言語観から明らかなように、構造言語学のアプローチでは、言
語現象の分析に際し、意味のような直接観察できない心的過程に関
わる要因を研究対象から排除し、客観的に観察可能な対象のみを分
析の対象とした。したがって、構造言語学の研究では、音韻論、形
態論から統語論に関わる研究は試みられたが、本格的な意味分析ま
で進展する研究には至っていない。

　これに対し、構造言語学のパラダイムを批判して出現した生成文
法のパラダイムは、基本的に次のような言語観に基づいている[2]。

　A.　メンタリズム

　　　　母語話者の言語直観と内観を重視する。具体的な言語デー
　　　　タとしての外在的言語に対し、人間の脳に内在すると仮定
　　　　される内在的言語を、言語学の解明の第一目標にする。

　B.　モジュール的アプローチ

　　　　人という生物種に固有なモジュールとしての言語機能が、
　　　　心的器官として脳内に存在すると仮定する。

　C.　記号計算主義

　　　　有限の規則の集合からなる計算体系としての文法（再帰的
　　　　に無限の文を生成する文法）を仮定する。

　構造言語学では、直接観察できない内観、内省という心的過程に

関わる要因を研究対象から排除し、言語の記述・分析に際し、物理的、客観的に観察可能な対象のみを研究の対象とする反メンタリズムのアプローチがとられたため、意味のような直接観察することが不可能な対象の研究は等閑視された。これに対し、生成文法のパラダイムでは、母語話者の言語直観、内観を重視するメンタリズムのアプローチをとる。したがって、生成文法の研究では、基本的に言葉の形式的な側面だけでなく、意味的な側面の記述・分析を可能とするアプローチがとられることになる。

　理論的にみた場合、生成文法の文法モデルでは、意味は文法の統語部門において規定される自律的な統語表示に対する意味解釈によって規定される（図1）。この意味論のアプローチは、Katz and Fodor（1963）に代表される解釈意味論（Interpretive Semantics）のアプローチである。

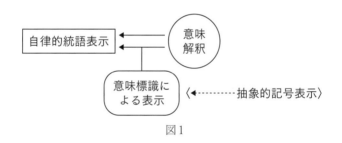

図1

この解釈意味論のアプローチは、広い意味で生成文法の意味研究の前提となっている。

　生成文法のパラダイムは、基本的に次のような文法観に基づいている。

- 言語能力は、言語運用から区分される。
- 言語的知識は、言語外的知識から区分される。
- 辞書的知識は、百科事典的知識から区分される。
- 文法カテゴリーは、ディスクリートで非連続的である。
- 文法は、意味的、語用論的な要因から独立したモジュールである。
- 統語部門は意味部門によって解釈的に規定される。
- 統語部門、意味部門、語用論部門は、相互に自律的な部門として規定される。

　これに対し、生成意味論（Generative Semantics）のパラダイムは、以上の生成文法のパラダイムの前提を根本的に否定するパラダイムとして位置づけられる。その基本的な文法観、言語観は以下に示される[3]。

- 言語能力／言語運用の区分、言語的知識／言語外的知識の区分、辞書的知識／百科事典的知識の区分は認められない。
- 文法カテゴリーはファジーで連続的であり、絶対的な境界に基づく規定は不可能である。
- 文法は、意味的な要因や語用論的な要因から独立したモジュールとしては規定できない。
- 統語部門は意味部門によって生成的に規定される。
- 統語部門は意味部門と語用論部門によって動機づけられている。

生成意味論のパラダイムを特徴づける以上の諸点のうち、特に次の

点（統語部門は意味部門によって生成的に規定される、という点）が、解釈意味論から生成意味論を区別する基本的な前提となる[4]。

　生成意味論は、さらに解釈意味論の規定する意味表示の妥当性を問題にする。生成文法が前提とする解釈意味論のアプローチでは、上記の図１から明らかなように、意味は文法の統語部門で規定される統語表示に対する意味解釈によって規定されるが、意味解釈のアウトプットとしての意味表示は、メタ記号としての意味標識（semantic markers）によって規定される記号表示である。

　この種の記号表示それ自体は、日常言語の意味ではなく、あくまでメタレベルにおける記号表示にとどまる。言語学における意味論（ないしは言語科学における意味論）の構築に際しては、この種の記号系に対し、（意味の伝達と理解に関わる）記号系の外部の世界からの経験的な動機づけが与えられなければならない。

　生成文法の解釈意味論には、記号表示に関するこの種の動機づけは与えられていない。この動機づけがなされない限り、解釈意味論の意味表示は、メタレベルにおける恣意的な記号表示にとどまる。

　メタ記号としての意味標識によって規定される解釈意味論の記号表示に関しては、真理条件的なモデル解釈の意味論（truth-conditional semantics）の観点からの次の批判がなされている。

　　・Semantics with no treatment of truth conditions is not
　　　semantics.　　　　　　　　　　　　　　　　（Lewis 1972: 169）
　　・Semantic markers are *symbols*: items in the vocabulary of
　　　an artificial language we may call *Semantic Markerese*.

　　　　　　　　　　　　　　　　　　　　　　　　　　　　（ibid.）

真理条件的なモデル解釈は、言語哲学系の意味論のアプローチの前提となっている。このアプローチの基本的な枠組みは、図2に示される。

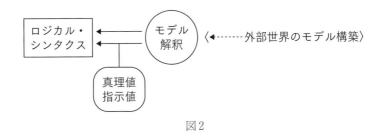

図2

　上記の図1の解釈意味論と図2の真理条件的な意味論の基本的な違いは、〈解釈〉の出力として規定される対象の本質的な違いにある。前者の解釈意味論の出力は、図1から明らかなように、抽象的表示としての意味標識による記号表示である。これに対し、真理条件的な意味論のモデル解釈の出力は、論理的シンタクス（logical syntax）の表示に対して付与される真理値（ないしは指示値）である。

　解釈意味論の意味標識に基づく規定に対し、生成意味論（特に、初期の生成意味論）は、意味構造を原始述語（primitive predicates）に基づいて直接的に規定するアプローチをとる。しかし、この原始述語によって規定される意味構造（ないしは意味表示）も、深層レベルにおける抽象的な記号表示の一種として位置づけられる。従って、真理条件的な意味論からするならば、この種の意味表示に対しても外部世界の真理値（ないしは指示値）に関するモデル解釈が与えられなければならない。この問題を考慮し、生成

意味論の研究プログラムでは、深層レベルで直接的に規定される意味表示に対するモデル解釈的なアプローチがとられる。

このモデル解釈的なアプローチを考慮した生成意味論の文法観には、〈記号系の中核をなす音韻表示、統語表示と意味表示は、外部世界からの（形式と意味の実質に関わる）経験的な動機づけが与えられなければならない〉、という制約が課されている。この制約は、後期の生成意味論の研究プログラムに関するLakoffの次の主張に反映されている[5]。

> The point to be borne in mind is that grammatical elements like phonological elements, need external motivation. Generative semantics has claimed that the human conceptual system, as clarified by the study of natural logic, provides such motivation.　　　　　　　　　　　(Lakoff 1972: 86)

ここでLakoffが述べている文法的要素（grammatical elements）は、（意味と形式の関係からなる）広い意味での文法規定に関わる要素であり、文法の統語レベル、意味レベルのいずれの表示レベルにも関わる要素を意味する。また、ここで問題としている人間の概念体系（the human conceptual system）は、言語形式に対応する深層レベルの意味構造ではなく、具体的な伝達の場で使われる記号系としての文法を支配する自然論理（natural logic）を反映する意味と運用に関わる知の体系を意味する。

3. 自然論理と生成意味論

生成意味論の展開を歴史的に振りかえった場合、初期の生成意味論の研究プログラムでは、意味表示に対しては、真理条件的なモデル解釈の規定は与えられていない。しかし、前節で述べたように、後期の生成意味論の研究プログラムでは、意味表示の実在性を保証するための制約の一部として、言語形式とその指示する世界の意味の対応づけを保証するための真理条件の制約を課す試みがなされた。

しかし、この後期の研究プログラムの展開の途上で、この種のモデル解釈に基づく真理条件的な意味論の限界が指摘されることになる。後期の生成意味論のプログラムでは、真理条件的な意味論に代わって自然論理（natural logic）に基づく意味論が提唱されることになる。自然論理に基づく意味論は、基本的に次のような言語観、文法観に基づいている[6]。

  - ・日常言語の文法カテゴリーは、ファジー（fuzzy）でありカテゴリーの境界を絶対的に区分することは不可能である。
  - ・文法性の判断は、文の使用される発話文脈における話者の前提的な知識との関係で相対的に決定される。
  - ・文の真理値は、真理条件的な意味論が前提とする真／偽の2値論理によって規定されるのではなく、相対的な真理値に基づくファジー論理（fuzzy logic）によって規定される。
  - ・文の意味は、解釈意味論が前提とする構成性の原理によって規定されるのではなく、ゲシュタルト的な意味の融合体（amalgam）として規定される。

- 言語表現の文法性と適切性は、その表現の使用に伴う前提条件、発話の遂行機能、発話の力、会話の含意、等に関わる意味的な要因、語用論的な要因との関連で決定される。
- 辞書的な知識は、言語使用の文脈、文化・社会的な文脈から独立した自律的な知識（i.e. 言語内的な知識）として百科事典的な知識から区分することは不可能である。
- 音韻、形態、統語、意味のいずれの言語カテゴリーも、音声、意味、言語使用に関わる言語外の要因によって経験的に動機づけられなければならない。

以上の自然論理に基づく生成意味論の言語観は、生成文法のパラダイムにおける文法と意味論の前提を根源的に否定する言語観である点に注意しなければならない。

　生成文法理論は、次の点を前提とする：(i) 辞書的な知識は、言語使用の文脈、文化・社会的な文脈から独立した自律的な知識（i.e. 言語内的な知識）として百科事典的な知識から区分される。(ii) 文法カテゴリーは、相互に独立した自律的なカテゴリーである。(iii) 文法性の判断は、言語外の文脈に関わる前提条件、等の語用論的な要因からは独立に決定される。(iv) 文法の中核をなす統語論は、意味から独立した自律的な部門として規定される。(v) 意味部門は、統語部門によって規定される統語情報と辞書部門の語彙の意味情報に基づいて解釈され、意味標識に基づく意味表示が出力として産出される。

　上に述べた自然論理に基づく生成意味論のパラダイムの観点から見るならば、これらの (i)〜(v) の生成文法の前提は全て否定されることになる。

狭義の生成文法と生成意味論のパラダイムの一般的な比較・検討は、ここまでにとどめるが、以上の考察から、生成文法の意味論（i.e.解釈意味論）と生成意味論は、もはや広義の生成パラダイム（generative paradigm）の同じ土俵で論じることは不可能である点が明らかになる。これは、生成意味論のパラダイムは、自然論理の言語観、文法観を研究プログラムの前提として研究を推進し始めた時点で、既に生成パラダイムに基づく言語研究のプログラムから抜け出て、新たな言語研究のプログラムに入っていることを意味する。この新たな研究プログラムは、最終的に認知言語学のパラダイムとして展開していくことになる。

4.　生成意味論から認知言語学への展開

　前節で考察した、生成意味論（特に、後期以降の自然論理に基づく生成意味論）のパラダイムは、1970年代の半ばから、認知言語学のパラダイムへと展開し現在に至っている。ただし、生成意味論から認知言語学へのパラダイム・シフトに際しては、前者のパラダイムの方法論と前提が全て継承された訳ではない。生成意味論は、このパラダイム・シフトに際し、同理論が初期の段階でコミットしていた次の前提を根本的に否定している[7]。

・表層構造と抽象的な意味構造は、句構造表示に基づいて規定される。
・抽象的な意味構造は、原始述語によって特徴づけられる。
・表層構造と抽象的な意味構造は派生的に関連づけられる。
・抽象的な意味構造は、形式論理の構造と同一の規定が与えら

れる。

- この論理的な構造として規定される意味構造に対しては、モデル解釈に基づく真理条件的な意味解釈が適用される。

　以上の前提の否定は、何を意味するのか？　これらの前提の否定は、生成意味論にまとわり付いていた生成文法の尾鰭（i.e. 句構造表示、派生、変形操作、等）と形式論理的アプローチの尾鰭（i.e. 真理条件、モデル解釈、等）を根本的に切り捨てたことを意味する[8]。

　比喩的に言うならば、以上の前提は、生成意味論から認知言語学へのパラダイム・シフトに際し湯船から捨てた湯水である。しかし、このパラダイム・シフトに際し、生成意味論の研究を通して得られた重要な知見（i.e. 湯水の中の赤ん坊）まで捨てたわけではない。湯水の中から救い出され、認知言語学のパラダイムに継承された重要な知見——それは、前節で指摘した、自然論理に基づく生成意味論の次のような知見である。

　A.　言語のゲシュタルト性
　B.　カテゴリー・スクイッシュ
　C.　ファジーロジック
　D.　文法の相対性
　E.　知識フレーム

これらの知見は、生成意味論のレガシーとして、認知言語学のパラダイムの言語観と認知言語学の研究プログラムの中核を構成している。

認知言語学は、日常言語の文法と意味は、構成性の原理に基づいて構成要素の単純な総和として規定されるのではなく、ゲシュタルト的な構成体として規定される言語観に基づいている。この言語観は、上記の生成意味論のＡの知見を継承している。また、認知言語学のアプローチは、日常言語の文法カテゴリーと意味カテゴリーは、中心的なカテゴリーから周辺的なカテゴリーへの拡張関係によってネットワークを形成しているという、プロトタイプ理論（prototype theory）を背景とする言語観に基づいている。このプロトタイプ理論による言語カテゴリーの規定は、上記の生成意味論のＢ〜Ｄの知見を継承している。さらに、認知言語学のアプローチでは、日常言語の意味は、（生成文法の意味論が前提とするような）言語内的な知識として規定されるのではなく、言語使用の文脈や文化・社会的な文脈に関わる知識との関連で相対的に特徴づけられる、という言語観に立脚している。この言語観は、上記の生成意味論のＥの知見を継承している。

　以上の生成意味論のレガシーの認知言語学のパラダイムへの継承は、認知言語学の意味論（i.e. 認知意味論）の新たな展開を理解する上で重要な意味をもつ。

5. 認知言語学の意味研究——認知意味論への展開

　言葉は、形式と意味の関係からなる記号系の一種とみなすことができる。われわれが伝達の手段として用いている日常言語は、この種の記号系の一つとして位置づけられる。生成文法をはじめとする従来の言語学の研究では、言語現象を一般的に記述・説明していくために、この記号系それ自体に自律的に存在すると仮定される形式

と意味の関係から言語現象を分析していく試みがなされる。しかし
この種の言語学のアプローチは、言語の記号系の自律性を前提と
し、言語現象をその背後に存在する言語主体の認知能力と運用能力
から切り離して分析していく点で、本質的な問題があると言わねば
ならない。

　日常言語は、言語主体と外部世界のダイナミックな相互作用を介
して発展してきた記号系である。言葉の形式と意味の関係には、外
部世界に対する言語主体の認知プロセスが、さまざまな形で反映さ
れている。この種の認知プロセスは、人間の認知能力の重要な側面
を特徴づけている。認知言語学は、言葉の背後に存在する言語主体
の認知能力との関連で、日常言語の記号系の発現のプロセスをダイ
ナミックに規定していくアプローチをとる。

　言語理論の歴史的な展開に関する一般的な理解では、このアプ
ローチは、一見したところ認知言語学のパラダイムが初めて提唱し
たアプローチのようにみえる。しかし、前節までの考察から明らか
なように、この認知的な言語観は、自然論理に基づく後期の生成意
味論の具体的な研究（e.g. ゲシュタルト性、カテゴリー・スクイッ
シュ、ファジーロジック、知識フレーム、等の研究）を通して既に
構築されていた言語観である点に注意する必要がある。

　この意味で、認知言語学の研究（特に、認知意味論の研究）は、
後期の生成意味論の言語観を継承して展開してきたと言うことがで
きる[9]。認知言語学は、この生成意味論の言語観を発展させ、より
包括的で実証的な研究プログラムを構築した点に重要な意味があ
る。特に認知言語学の意味研究は、言語現象の記述・分析に際し次
のA〜Fの認知分析に基づくアプローチをとる[10]。

A.　ゲシュタルト性

B.　プロトタイプ理論

C.　知識フレーム

D.　イメージスキーマ

E.　メタファー／メトニミー拡張

F.　概念ブレンディング

　以上のうち、A〜Cの認知分析に基づくアプローチは、（既に前節で述べたように）生成意味論の知見を認知言語学の研究へと継承しているアプローチである。これらのアプローチの具体的な考察はここでは行わない。これらのアプローチは、認知言語学の進展の背景として重要な意味をもつが、それ以上に認知言語学の意味研究を特徴づけているのは、上記のD〜Fの分析に基づくアプローチである。Dは、言葉の意味は、自律的な記号系に内在するのではなく、言語主体の身体化された経験（embodied experience）のパターンを反映するイメージスキーマに根ざしている、という言語観に関係している。この言語観は、言葉の意味は身体化された前 - 概念的で想像的なイメージ経験のパターンから創発するという言語観を意味する。この点で、認知言語学の意味論（i.e. 認知意味論）は、生成文法が前提とする自律的、記号内在的な意味論（i.e. 解釈意味論）とは本質的にことなる。

　上記のEのメタファー／メトニミー拡張に基づく意味規定も、認知意味論の研究プログラムの重要な展開につながっている。生成文法をはじめとする従来の意味研究では、主に、文字通りの意味を分析対象としており、言葉の創造性に関わるメタファー、メトニミー、等の修辞的な意味現象は等閑視され、言語研究の重要な分析

対象とされてはいない。

　認知意味論が画期的な点は、日常言語の意味の世界は、根源的にメタファー、メトニミー、等の意味によって特徴づけられており、言葉の意味の世界のかなりの部分は、根源的にはメタファー、メトニミー、等の認知プロセスを介して創発しているという事実を明らかにした点にある。認知意味論の研究は、この新たなパースペクティヴのもとに、日常言語の多様な意味現象をより包括的に、かつ体系的に分析していく研究の場を提示している点にその重要な意味がある。

　上記のＦの概念ブレンディングに基づく意味規定も、認知言語学が提示する意味研究の新たなアプローチとして重要な意味をもつ。認知言語学の研究では、構成要素の意味の総和としては予測できないゲシュタルト的な意味が創発する広範な言語事実が指摘されている。生成文法をはじめとする従来の意味分析では、この種の意味の創発現象は無視されている。これに対し、認知意味論の概念ブレンディングのアプローチは、この種の創発的な意味現象を記述・分析し、日常言語の概念体系の創発のメカニズムを解明していくための重要な意味モデルを提示している。

6. 認知意味論と認知言語学の文法観

　生成文法をはじめとする伝統的な言語学の研究では、文法と辞書、音韻論、形態論、統語論、意味論、語用論というように、言語体系の下位部門が、モジュール的に区分されている。このモジュール的な言語観によるならば、意味部門は、統語部門（ないしは狭義の文法に関する部門）とは独立した部門として位置づけられる。

従ってこのアプローチは、例えば、言葉の意味に関わる現象は、モジュール的で自律的な一部門としての意味論（i.e. 意味部門）において、他の部門とは独立して規定していくことが可能であるという前提に立っている。

このモジュール的な区分に基づく言語観からみるならば、認知意味論も、言語体系の自律的な一部門として理解されるかも知れない。しかし、これは認知意味論の適切な解釈ではない。この点を理解するためには、認知言語学の文法観を理解する必要がある。

認知言語学の枠組みに基づく文法（i.e. 認知文法）は、生成文法に代表される形式的で自律的な文法観とは根本的にことなる。認知文法は、記号論的文法観（symbolic view of grammar）を前提としている。この文法観によれば、文法は本質的に音韻極（phonological pole）と意味極（semantic pole）と、この両者を対応づける記号リンク（symbolic link）からなる記号的構造として規定される。換言するならば、文法は、音韻極と意味極の直接的な対応関係からなるゲシュタルト的な言語ユニットの動的ネットワークとして規定される（Langacker 1987: 76–86, Langacker 2000a：147–156）。

この観点からみるならば、意味部門は文法の一方の極を構成する。したがって、認知意味論は、生成文法の意味部門のような自律的で、モジュール的な一部門ではない（cf."... grammar is not distinct from semantics, but rather incorporates semantics as one of its two poles."（Langacker 2009: 1））。これは、日常言語の文法が、音と意味のシンボリックな直接対応の関係からなるという認知言語学の言語観からの自然な帰結である。

認知言語学の言語観からみるならば、生成文法の中核をなす自律的な統語論（ないしは統語部門）は、仮構的（ないしは虚構的）な

部門となる。換言するならば、この部門は、言語学者の作り出した理論仮構物（theoretical construct）ということになる。認知言語学の文法観からみるならば、生成文法が仮定する統語部門という自律的な部門は存在しない。

　さらに、認知意味論の位置づけを考えていくためには、認知言語学が規定する意味と生成文法が前提とする意味の違いに注意する必要がある。認知意味論の対象とする意味は、外部世界に対する言語主体の概念化（conceptualization）（e.g. イメージ形成、イメージスキーマ変換、メタファー写像、メトニミー写像、等）を介して創発するゲシュタルト的な意味として規定される。これに対し、生成文法の解釈意味論が前提とする意味は、意味素性、意味標識（ないしは原始述語）の記号表示によって規定される。

　両者の意味規定の本質的な違いは、問題とする日常言語の意味が言語内的な知識の一部として閉じているか、それとも日常言語の記号系の外部に経験的に開かれているかにある。生成文法の規定する意味は、言語内的な知識の一部として閉じており、意味素性、意味標識、等のメタ記号による必要十分的な定義に基づいて規定される。しかし、この線にそった意味規定には、いくつかの本質的な問題がある。

　第一に、既に2節で指摘したように、生成文法の意味表示それ自体は、メタレベルにおける記号表示にとどまる。言語学における意味論の構築に際しては、この種の記号系に対し、（意味の伝達と理解に関わる）記号系の外部からの経験的な動機づけが与えられなければならないが、生成文法のメタ記号の意味表示には、意味の実在性に関する経験的な動機づけが与えられていない。生成文法の意味表示は、言語主体の意味の実在性を反映する実質的な表示ではな

く、意味素性、意味標識（ないしは原始述語）といったメタ記号によって規定される抽象的な記号表示の一種にすぎない。

　第2に、このメタ記号の組み合わせによる意味計算は、部分の意味を線形的に統合していく構成性の原理に基づく意味規定である。従って、この線形的な意味計算のアプローチでは、日常言語の意味の創発性に関わるゲシュタルト的な意味を規定していくことは本質的に不可能である。

　第3に、生成文法の分析の対象とする意味は、基本的に文字通りの意味規定に限られており、日常言語の創造性を反映するメタファー、メトニミー、等の修辞的な意味の体系的な規定はなされていない。生成文法のパラダイムでは、（狭義の文法的ないしは統語的な知識と同様）意味的な知識も、言語主体の言語使用の文脈に関わる運用能力から独立した、言語知識（i.e. 言語内的な知識）の一種とみなされる。この種の意味的な知識は、あくまで意味拡張が関わる言葉の創造的な要因を除外した、文字通りの意味を規定する意味素性（ないしは意味標識）の計算によって規定される。従って生成文法のアプローチでは、日常言語の創造性を反映するメタファー、メトニミー、等の意味の体系的な規定は本質的に不可能である[11]。

7.　意味研究の科学哲学的検討

　前節までにおいて、構造言語学、生成文法、認知言語学のパラダイムにおける意味研究の展開の一面を考察してきたが、その研究の展開の背後には、各パラダイムを支配する哲学が存在する[12]。

　構造言語学のパラダイムでは、直接観察できない内観、内省とい

う心的過程に関わる要因を研究対象から排除し、言語の記述・分析に際し、客観的に観察可能な対象のみを研究する反メンタリズムのアプローチがとられた。このアプローチは、意味の直観や内観を排除し、言語の形式・構造を重視すると言う点で、広義の構造主義のアプローチに基づいている。これに対し、生成文法のパラダイムでは、言語分析に際し母語話者の直観、内観を重視するメンタリズムのアプローチをとる。また、認知言語学のパラダイムでは、言語分析に際し、母語話者の認知能力に基づく記述・説明を試みる。この点で、生成文法と認知言語学のアプローチは、いずれも広義の認知主義を背景とするアプローチと言える。

　しかし、以上の各言語学のパラダイムは、「構造主義」と「認知主義」という用語によって、単純に特徴づけることはできない点に注意する必要がある。確かに、生成文法は、構造言語学の言語データの記述・分析からスタートするボトムアップ的なアプローチから、メンタルなモデル重視のトップダウン的なアプローチに言語観を180度シフトした点では、広義の認知主義にパラダイム・シフトしたと言える。しかし、生成文法の言語モデルは、句構造表示、派生（ないしは統語操作）といった記号・計算の道具立てを前提として、言葉の形式・構造の規定を試みる言語学のアプローチをとっている。この点からみる限り、生成文法のパラダイムは、広義の構造主義にコミットしているパラダイムである。（この点は、生成文法を含む理論言語学の歴史的な展開を概説する入門書や研究書では、見落とされている。）

　以上の点を考慮し、次の表に示されるように、構造主義と認知主義をそれぞれ〈構造主義―1〉／〈構造主義―2〉と〈認知主義―1〉／〈認知主義―2〉に下位区分する。

表1

A. 構造言語学 ➡	B. 生成文法 ➡	C. 認知言語学
〈構造主義—1〉	〈認知主義—1〉	〈認知主義—2〉
〈構造主義—2〉		

　ここで問題にする〈構造主義—1〉は、構造言語学のパラダイムを
特徴づける言語観であり、生成文法のパラダイムを特徴づける〈認
知主義—1〉と対置される。これに対し、〈構造主義—2〉は、構造
言語学と生成文法の記号・計算による言語の形式的な規定を前提と
する言語観である。上にも述べたように、生成文法は、句構造表
示、構造変換、等の形式と構造の記号・計算を前提としている。こ
の点を考慮するならば、生成文法のパラダイムは、(一見したとこ
ろ矛盾するようにみえるが)厳密には、認知主義と構造主義の双方
にコミットした言語学のパラダイムということになる。

　ただし、ここで問題にしている生成文法のパラダイムの認知主義
(i.e. 表1の〈認知主義—1〉)は、認知言語学のパラダイムの認知主
義(i.e. 表1の〈認知主義—2〉)とは、根本的にことなる点に注意
する必要がある。その違いは、問題の認知主義が、身体論的なパー
スペクティヴに裏づけられた認知主義か否かにある。

　生成文法の認知主義は、日常言語の文法は、母語話者の脳内に心
的器官(mental organ)として内在するという前提に立っている。
この立場に立つならば、例えば、文法的知識の一部としての意味に
関する知識も、意味標識、概念構造、論理形式、等のいわゆる〈思
考の言語〉(language of thought)(cf. Fodor 1975: 27, 99, 174)な
いしは〈メンタリーズ〉(mentalese)〉として、脳内に存在するこ
とになる。脳内に存在すると仮定されるこの種の知識は、母語話者

が外部世界と相互作用する過程を通して得られる身体的な経験からは独立した、先験的で生得的な意味知識としての位置づけが与えられる。この点で、生成文法の前提となる認知主義（i.e.〈認知主義—1〉）は、プラトン的認知主義（ないしは先験的な認知主義）とみなされる [13]。

これに対し、認知言語学の認知主義（i.e.〈認知主義—2〉）は、この種のプラトン的認知主義とは根本的にことなる。認知言語学のパラダイムは、日常言語の文法は、言語主体と外部世界の相互作用に基づく身体的な経験を根源的な基盤とする認知能力に根ざしている、という経験基盤主義を背景としている。この立場に立つならば、例えば言語的知識の一部である意味に関する知識は、先験的な知識として存在するのではなく、言語主体の身体化された認知能力から発現してくることになる。この点で、認知言語学のパラダイムの背景となる認知主義は、身体論的な認知主義として位置づけられることになる [14]。

8. 言語学のパラダイムと意味研究の(非)生産性

理論言語学の研究では、意味に関わる言語現象を研究していく方法に関し、大別して二つのアプローチが考えられる。その一つは、生成文法のパラダイムにみられるように、文法の中核に自律的な統語部門を設定し、この統語部門の情報を入力として意味部門で解釈していくアプローチである。もう一方のアプローチは、認知能力から意味の発現のプロセスを（解釈的にではなく）創発的に規定していく認知言語学のアプローチである。

二つのアプローチのうち、前者のアプローチは、文法を統語部

門、意味部門、等の自律的でモジュール的な下位部門に区分し、その一部門を、他の部門により解釈的に規定していくアプローチである。前節までに考察した生成文法の解釈意味論は、このアプローチを前提としている。生成文法の最新の研究プログラムであるミニマリスト・プログラム（Minimalist Program、以下MP）は、初期、中期までの意味論として提唱された解釈意味論との関係に関しては明示的に何も述べていないが、MPの意味論も、実質的には、やはり文法の下位モジュールのインターフェイスに基づく解釈的なアプローチをとっている[15]。

　MPのアプローチでは、言語機能の中核をなす統語部門は、この部門とインターフェイスを介して接する音声と意味に関わる他のシステム（i.e.調音・知覚システムと概念・意図システム）と解釈的に結びつけられている。このうち後者のシステムは、統語部門で規定される論理形式（LF = logical form）を、インターフェイスを介し判読可能性の条件（legibility condition）に基づいて、抽象的な意味概念・思考概念として解釈するシステムと仮定されている。したがって、MPの研究プログラムで使われている用語は従来の解釈意味論とはことなるが、アプローチの方向性は、（インターフェイスに基づく解釈的なアプローチをとっている点で）解釈意味論と同じであると言える。

　以上の点から明らかなように、生成文法の研究プログラムは、（初期、中期の解釈意味論の枠組みであれMPの枠組みであれ）一貫して文法の統語部門が中心となり、意味部門はインターフェイスを介し、この統語部門の情報を入力として解釈していくアプローチをとっている。この種の作業仮説に基づくアプローチは、研究プログラムの一つのあり方としては理解できる。即ちこの種のアプロー

チも、あまた考えられる言語研究のアプローチの（論理的な可能性の）一つとしては理解できる。

　しかしここで問題にしたいのは、一つの研究プログラムを作業仮説として提示する際の、統語論を中心に置く生成文法のアプローチの経験科学としての研究の生産性である。生成文法のパラダムが登場して以来、半世紀以上の年月を経ているが、（言語事実の発掘、事実の新たな予測、記述・説明の深化の観点からみて）このパラダイムにおける意味研究の生産性は、当初の期待に反して停滞したまま現在に至っていると言わざるを得ない。

　その主要な原因は、このパラダイムにおいては、意味部門を統語部門（厳密には、統語部門と辞書部門）から提供される情報を解釈する（受動的な）解釈部門として位置づけてきた点にある。この位置づけは、文法研究の実際の遂行にあたって、まず中核となる統語部門に関する研究を先行させ、意味部門に関する研究は後回しにしておくことを可能にしている。事実、過去の生成文法の理論的な変遷を振りかえった場合、チョムスキーの先導のもとに、統語部門に関するテクニカルな理論の改訂・修正とこれに関わる文レベルの統語現象のテクニカルな分析はなされているが、意味現象に関する実証的な研究の拡がりはみられない。これは決して誇張ではない。

　生成文法の初期の段階では、Katz-Fodor流の解釈意味論の意味標識に基づく分析（例えば、bachelorの多義性に関する意味標識に基づく分析）、中期における深層レベル、表層レベルの意味解釈の試みは一部なされている。また、中期以降の意味解釈へのインターフェイスとしての論理形式（LF = logical form）の制約に関する分析は散見される。しかし、これらの研究（特に、論理形式に関する分析）は、あくまで文 - 文法における自律的統語論の問題との関連

でなされているに留まる。一般に、日常言語の論理形式は、（生成意味論の自然論理の分析が試みたように）推論、含意、同意性、矛盾性、等の意味現象の記述・説明のための言語レベルの一つとして問題にされるべきであるが、生成文法の論理形式の分析では、言語現象に関するこのような意味現象、推論現象の実質に関わる体系的な研究はなされていない[16]。

　生成文法が、シンタクス・ショーヴィニズム（syntax chauvinism）を前提とする研究プログラムに立脚する限り、（統語論を中心とする研究は続くとしても）そこらか意味論、さらには語用論の研究への展開は今後も期待できない。もちろん、このような批判に対し、生成文法の研究プログラムにおいても、意味論、語用論の研究にいつでも着手できる、と反論することは可能である。しかし、理念的に研究部門の焦点をシフトすることと、実際にその部門において実証的な研究が遂行できることは別の問題である。

　一般に研究を支配するパラダイムは、研究に際しての事実の限定の仕方、解釈の仕方、分析の方法、思考法、等を暗黙のうちに支配している。パラダイムによっては、目の前に重要な言語事実が提示されていても、コミットしているパラダイムがその事実の重要性を見えなくさせてしまう場合がある。あるいは、コミットしているパラダイムの方法論が、その事実の分析を不可能にしてしまう場合もある。実際にどのパラダイムにコミットするかによって、研究の生産性は多大な影響を受ける。他の経験科学と同様、言語学においても、コミットするパラダイムの選択の怖さはここにある。

　以上の考察から明らかなように、シンタクス・ショーヴィニズムを前提とする生成文法のアプローチでは、生成パラダイムの性質ゆえに、意味の領域は二次的な研究領域として等閑視され、実質的な

意味研究の生産性はみられない。

　これに対し認知言語学では、意味現象は、言語現象の中心的な考察対象として精力的に研究がなされてきている。認知言語学の意味研究の生産性を支えている要因は、このパラダイムの背景となる言語観にある。認知言語学は、言語能力は、人間の進化における単なる知性の産物ではなく、(i) 感覚・運動的な身体的経験に根ざす認知能力と運用能力を不可欠の前提とし、(ii) この種の能力が、言語能力の根源的な基盤として日常言語の発現を支えている、という言語観に立脚している。

　この言語観は、言語能力の中核をなす意味能力も、感覚・運動的な身体的経験に根ざす認知能力と運用能力から発現するという、意味への創発的アプローチに基づいている。認知言語学の研究では、意味の創発性に関わる現象として、文字通りの意味に関わる言語現象だけでなく、メタファー、メトニミー、シネクドキ、イディオム、意味変化、等に関わる言語現象の分析が精力的になされているが、これは認知言語学の研究プログラムの意味への創発的アプローチにより可能となっている。

9.　認知意味論のパースペクティヴ

　理論言語学の研究を振りかえった場合、認知言語学のパラダイムの出現によって、はじめて日常言語の意味研究の包括的、体系的な研究が本格的にスタートしたと言える。この線にそった認知言語学の研究は、特に辞書、文法、構文、意味、文脈、等に関する次のような新たな研究を可能にしている。

・文字通りの意味と修辞的意味の区分の問い直し

・文法／構文に対する意味的な動機づけ

・辞書的意味／構文的意味のネットワーク的規定

・ベース／プロファイルの視点に基づく意味と文脈の関連づけ

・フレーム概念に基づく意味論／語用論の区分の問い直し

　これまでの言語研究では、文字通りの意味の分析が中心となり、メタファー、メトニミー、等に関わる意味は修辞的な意味として周辺的な位置づけしか与えられていない。これに対し、認知言語学の研究では、メタファー、メトニミー、等に関わる意味が日常言語の根源に関わる意味を構成し、この種の意味が文字通りの意味の発現の基盤となっている事実を明らかにしている。

　生成文法をはじめとする従来の言語学では、主語、目的語、等の文法クラスや構文は、意味とは独立した存在とされているが、認知言語学では、主語、目的語、等は、一次的焦点、二次的焦点、等の焦点化の認知プロセスに関わる意味に動機づけられ、構文は、視点の投影を反映する事態把握の認知プロセスによって動機づけられている事実を明らかにしている。認知言語学の観点からみるならば、文法は（意味から遊離した）自律的な記号系ではなく、意味に動機づけられた記号系として規定されることになる。

　生成文法では、文法は語彙項目の意味に関わる辞書から区分される規則の体系とみなされている。そして文法規則によって規定される構文の意味は、その構成要素である語彙項目の辞書的意味と構文の統語情報に基づいて間接的に規定される[17]。これに対し、認知言語学では、文法と辞書の区分は認めず、構文も語彙項目も、意味と形式の直接的な結びつきからなるゲシュタルト的な構成体

（construction）として規定される。さらにこのアプローチでは、辞書も文法も、この意味と形式の結びつきからなるゲシュタルト的な構成体の動的ネットワークとして規定される[18]。従って、認知言語学のアプローチでは、生成文法が前提とする統語規則（ないしは文法規則）、意味計算を行う解釈規則、等は理論仮構物であり、これらの仮構物に対する経験的な実在性は認められない。

　生成文法の言語観は、言葉の意味は言語内的な知識の一部として、文脈からは独立に、一定の限定された意味素性（ないしは意味標識）の組み合わせによって記述されるという前提に立っている。この点で、生成文法の意味論のアプローチは、言語的意味の（文脈、言語外的知識からの）自律性を前提としている。これに対し、認知言語学のアプローチは、言葉の意味は、問題の言語表現が起動する文脈（ないしは認知のドメイン）との関連で相対的に規定される、という前提に立っている。この点で、認知言語学のアプローチは、意味の文脈依存性に基づくアプローチである。このアプローチでは、言葉の意味は、ベース（base）とプロファイル（profile）の関係によって規定される（Langacker 1990: 5, Langacker 2008a: 66）。ベースは、問題の言語表現が起動する認知のドメインとしての文脈（i.e. 地（ground））、プロファイルは、この文脈を背景として立ち現れる図（figure）に対応する。言葉の意味は、このベースとプロファイルの関係によって相対的に規定される。認知言語学のアプローチでは、ベースのドメインは、言語内的な知識ではなく言語使用の場に開かれている点に注意する必要がある。このアプローチでは、生成文法の意味論が前提とする、言語内的知識と言語外的な知識の絶対的な区分は認められない[19]。この点で、認知言語学の意味論（i.e. 認知意味論）のアプローチは、記号系の外に向かって

開かれた意味論として位置づけられる。

　認知意味論は、せまい意味での意味研究（例えば、語彙レベル、句レベル、文レベルの意味研究）に対し開かれた意味探求を可能とするだけでなく、語用論に関わる言語研究を可能とする。この方向への研究を可能とする認知言語学の主要概念の一つは、フレーム（frame）の概念である（cf. Fillmore（1977）。フレームは、具体的な生活文脈における知識の枠組みであり、われわれはこの枠組みに基づいて言葉の意味を理解し、推論を行い世界を意味づけしている。フレームの概念は、語彙レベル、文レベル、テクスト・談話レベルの言語現象、レトリックに関わる現象、文化・社会に関わる現象、等を分析する際に重要な役割をになう。上で述べた、言葉の意味理解の背景となるベース（base）に関する知識は、このフレームに関する知識の一種とみなすことができる。さらに、フレームの概念を広義に解するならば、事態把握の背景に関する知識としてのシーン（scene）、一連の行動系列に関する知識としてのスクリプト（script）、文化・社会の視点、価値、等を特徴づける理想的認知モデル（idealized cognitive model）なども、フレームの概念に関わる知識の一種として位置づけることが可能になる（cf. Lakoff 1987: 68）[20]。

10. 意味研究の展望

　理論言語学の研究の歴史を振りかえった場合、これまでの主要な言語学の研究（特に、構造言語学と生成文法の研究）は、音韻・形態的な側面ないしは統語的な側面の研究が中心となり、意味の側面に関わる体系的な研究は、本格的にはなされていない。理論言語学

の意味の側面に関する本格的な研究は、認知言語学のパラダイムの出現によって初めて可能になったと言える。

　構造言語学のアプローチでは、言語現象の分析に際し、意味のような直接観察できない心的過程に関わる要因を研究対象から排除し、客観的に観察可能な対象のみを分析の対象とした。したがって、構造言語学の研究では、音韻論、形態論から統語論に関わる研究は試みられたが、本格的な意味研究まで進展する研究には至っていない。

　これに対し、生成文法のパラダイムでは、母語話者の言語直観、内観を重視するメンタリズムのアプローチをとる。したがって、生成文法の研究では、基本的に言葉の形式的な側面だけでなく、意味的な側面の記述・分析を可能とするアプローチがとられる。

　しかし、生成文法の意味研究には本質的な限界がある。その主要な原因は、意味部門を、統語部門（厳密には、統語部門と辞書部門）から提供される情報を解釈する解釈部門として位置づけている点にある。この位置づけは、（先験的に統語論の自律性を前提として）まず統語部門に関する研究を先行させ、意味部門に関する研究は後回しにすることになる。事実、過去の生成文法の理論的な変遷を振りかえった場合、統語部門に関するテクニカルな理論の改訂・修正とこれに関わる文レベルの統語現象のテクニカルな分析はなされているが、意味現象に関する実証的な研究の拡がりはみられない。

　生成文法の研究では、言語現象を一般的に記述・説明していくために、この記号系それ自体に自律的に存在すると仮定される形式と意味の関係から言語現象を分析していく試みがなされる。しかしこのアプローチは、言語の記号系の自律性を前提とし、言語現象をそ

の背後に存在する言語主体の認知能力と運用能力から切り離して分析していく点に本質的な問題がある[21]。

　これに対し認知言語学のアプローチでは、言語現象を、自律的な閉じた記号系の反映としてではなく、言語主体の認知能力と運用能力から創発される現象として規定していく。認知言語学のアプローチでは、語彙レベル、句レベル、文レベルからテクスト・談話レベルにわたる多様な意味現象の研究が広範になされてきている。(このアプローチの分析対象には、文字通りの言語表現を特徴づける意味現象だけでなく、言語と思考の創造性を反映する修辞的な意味現象も含まれる。)

　また認知言語学では、以上の言語現象に関わる分析だけでなく、フレーム意味論（Frame Semantics）に基づく政治・モラルに関わるテクスト・談話の分析、理想的認知モデル（ICM ＝ Idealized Cognitive Model）に基づく異文化構造の分析、ブレンディング理論（Blending Theory）に基づく詩的テクスト・文学テクストの分析、等が試みられている。このような認知言語学の近年の研究の拡がりをみるならば、このパラダイムにおける意味論（i.e. 認知意味論）の研究は、文字通りの狭義の意味論の研究ではなく、談話・テクストレベルの語用論、言語文化論、修辞学、等の探求に展開していく広義の意味論の研究として位置づけることができる[22]。

　経験科学における研究の妥当性を判断する一つの目安は、その研究が限定した範囲の事実の記述・分析に終始するのではなく、そこで対象化された事実の範囲を越える新たな事実を予測し、より広い領域に研究のスコープを拡げていく点にある。認知言語学の意味研究には、経験科学が志向するこの線にそった新たな展開がみられる。この意味で認知言語学の意味論は、経験的な妥当性に裏打ちさ

れ、創造的で包括的な言語現象の探求を可能とする意味論であると
言える。

注

1 本章で考察の対象とする構造言語学は、Bloomfield, Sapir を中心にして
展開されたアメリカ構造言語学を意味する。以下では、ヨーロッパの構
造言語学（例えば、プラーグ学派やコペンハーゲン学派の構造言語学）
は考察の対象にはしていないが、言語学のパラダイムを規定する広い意
味での構造主義の視点は、後者のヨーロッパの構造言語学にも密接に関
わっている。（アメリカ構造言語学の基本的な考え方に関しては、
Bloomfield（1926, 1933）、Fries（1952）、Harris（1954, 1957）、Hockett
（1958）、Nida（1946, 1966）、Pike（1967, 1982）、Sapir（1921, 1925）、
等を参照。）

　　ただし、以下で考察する構造言語学のパラダイムは、主に Bloomfield に
代表される構造言語学のパラダイムである。一般に、Sapir も Bloomfield
と並ぶ構造言語学の創始者の一人とされるが、Sapir、及び Fries、
Nida、Pike に代表されるミシガン学派は、必ずしもこの急進的な物理
主義と反メンタリズムに代表される Bloomfield 流のアプローチにはコ
ミットしていない。

2 生成文法のパラダイムの基本的な考え方に関しては、Chomsky（1957,
1965, 1995, 2001）、等を参照。

3 生成意味論のパラダイムの基本的な考え方に関しては、本書の〈参考文
献：生成意味論〉の Lakoff（1971a, 1976）、Langacker（1967）、McCawley
（1968a/b, 1972）、Postal（1971, 1974）、Ross（1970, 1986）、山梨（1977,
1983）、等を参照。

4 生成文法から生成意味論への展開を振りかえった場合、Fillmore（1968）
によって提唱された格文法理論（Theory of Case Grammar）のになった
役割は無視できない。格文法理論の枠組みは、表層構造と深層構造を

区分する点では、生成文法の二層構造に準じている。しかし、格文法理論の深層構造は、生成文法の深層構造のような（意味から独立した）自律的な統語表示のレベルではなく、意味役割をになう深層格（deep cases）に基づく格フレームの概念によって規定される表示レベルである。この点で、格文法理論の文法モデルは、深層構造の表示レベルを意味表示レベルとして再規定する生成意味論の展開への橋渡しの役割をになったモデルとして位置づけられる。また、Fillmore の深層格に基づく格フレーム（case frame）の概念は、認知言語学の意味モデルにおいて、その中核をなす意味フレーム（semantic frame）の概念として組み込まれている。この点で、格文法理論は、生成意味論から認知言語学への展開においても、重要な役割をになう言語理論として位置づけられる。

5 後期の生成意味論のこの制約は、この研究プログラムの発展として登場する認知言語学のパラダイムにおける〈内容要件〉（content requirement）の経験的制約に通じる。認知言語学のパラダイムが規定する〈内容要件〉は、次のように規定される。

> ... the only structures permitted in the grammar of a language ...
> are (i) phonological, semantic, or symbolic structures that actually
> occur in linguistic expressions; (ii) schemas for such structures; and
> (iii) categorizing relationships involving the elements in (i) and (ii).
> (Langacker 1987: 53–54)

6 以下の生成意味論の自然論理に基づく基本的な考え方に関しては、本書の〈参考文献：生成意味論〉の Lakoff（1972a, 1972b）、R. Lakoff（1968, 1972）、McCawley（1968a/b, 1972）、Ross（1972a/b, 1973, 1974）、山梨（1977, 1983）、等を参照。以上の研究では、広範な言語現象の分析に基づいて、日常言語における自然論理の役割と、形式論理と自然論理の相互関係を明らかにしている。

7 厳密に言うならば、後期の生成意味論は、生成文法の理論的前提を根本的に否定し、新たな言語研究のプログラムを開始し、生成文法のパラダイムから脱却していたことになる。この段階においては、「生成意味論」

の「生成」という修飾語は不要となり、既にその内実を新たに示唆する「認知言語学」への展開が実質的にスタートしていたと言える。

8 以上の前提の否定は、生成文法のパラダイムの基本的な前提を根本的に否定したことを意味する。しがって生成意味論は、実質的には既にこの時点で、生成パラダイムを全面的に否定し、新たな言語学の研究プログラム（i.e. 認知言語学の研究プログラム）を開始したことになる。

9 後期の生成意味論から認知言語学への展開の位置づけに関しては、Lakoff（1987: 582）、山梨（2000: 253–254）を参照。

10 以上の認知言語学の意味研究の基本的な考え方に関しては、Croft and Cruse（2004）、Fauconnier and Turner（2002）、Fillmore（1977）、Lakoff（1987）、Lakoff and Johnson（1980, 1999）、Langacker（1990, 2000a）、Rosch（1973）、Talmy（2000）、山梨（2000, 2004）、等を参照。

11 認知言語学の文法観に関しては、さらに Fillmore（1975）、Lakoff（1987）、Lakoff and Johnson（1999）、Langacker（2008a, 2009）、大月（2019）、山梨（1995, 2000, 2009a）、等を参照。

12 言語学を含む経験科学を支配するパラダイムの基本的な位置づけに関しては、Hanson（1958）、Kuhn（1962）、等を参照。

13 生成文法のプラトン的認知主義に関しては、Chomsky（1965, 1966, 1982, 1986）を参照。Chomsky が、このプラトン的認知主義を前提としている点は、彼の語彙習得に関する次の見解から明らかである。

> We simply learn the label that goes with the preexisting concept. So in other words, it is as if the child, prior to any experience, has a long list of concepts ... and then the child is looking at the world to figure out which sound goes with which concept.
>
> (Chomsky 1986: 191)

> 「私たちは単に、すでに存在している概念につけるラベルを学ぶだけなのです。別の言い方をすれば、まるで子どもが、一切の経験をする前に、… 概念の長いリストをもっていて、それから、世界を見渡して、どの音がどの概念と対応するのかと考えているようなも

のです」　　　　　　　　　　　　　　　　　　　（邦訳：189–190）

　この引用から明らかなように、Chomsky は、子供が語彙的な知識を、（あらかじめ経験以前に）「概念の長いリスト」（a long list of concepts）として生得的に持っているとしている。そして、語彙習得の段階で子供がなすべきことは、単にどの概念がどの音（i.e. どの言語形式）に対応するかを確認することだとしている。（この主張に関しては、さらに同書（190–192）／邦訳（189–191）を参照。）語彙概念に関するこの言語観（ないしは意味観）は、経験科学としての言語学の現在の研究状況からは信じ難い、きわめてナイーブな言語観と言える。しかし、このプラトン的な言語観（ないしは意味観）が、生成文法のパラダイムが前提とする意味論と言語習得の研究の前提となっている。

14 認知言語学の身体論的な観点に基づく経験基盤主義に関しては、特に Johnson（1987）、Lakoff（1987）、Lakoff and Johnson（1999）を参照。

15 言語学を含む認知科学におけるモジュール的アプローチの考え方に関しては、Fodor（1983）を参照。生成文法のアプローチは、基本的に Fodor のアプローチと同様にモジュール的であるが、次の点で両者は異なる。Chomsky の生成文法のアプローチでは、周辺処理系だけでなく中央処理系もモジュール的であると仮定している。これに対し、Fodor のアプローチでは、周辺処理系はモジュール的であると仮定しているが、中央処理系は非モジュール的であると仮定している。

16 生成文法で規定される抽象的な統語表示レベルとしての論理形式（LF = logical form）は、形式論理学（ないしは記号論理学）で規定される論理形式のように厳密には定義されていない。論理学の分野の論理形式は、命題論理学、述語論理学、様相論理学、等のいずれの論理学であれ、論理形式は、真理条件的なモデル解釈が適用されるレベルとして厳密に定義されている。これに対し、生成文法の「論理形式」という用語は、あくまでインフォーマルな統語表示のレベルに言及する用語として使われるに留まる。

17 Chomsky は、構文自体の言語的な重要性は認めず、構文現象はあくま

で文法規則によって規定される付随現象とみなしている。構文が、文法規則に基づく統語計算の付随現象でしかないという生成文法の前提は、Chomsky の次の主張から明らかである。

> The notion of grammatical construction is eliminated, and with it, construction-particular rules. Constructions such as verb phrase, relative clause, and passive remain only as taxonomic artifacts.

(Chomsky 1993: 4)

この立場は、文法構造を、規則の集合に基づいてアルゴリズム的に規定する形式文法の規則還元主義のアプローチの典型例と言える。この規則還元主義のアプローチの本質的な問題に関しては、Langacker（1987: 29）、山梨（2001a, 2002, 2003a）を参照。

18 また認知言語学では、これまでの言語研究において（意味が構成性の原理から予測できないとして例外扱いされてきた）イディオムも、意味と形式の結びつきからなるゲシュタルト的な構成体（construction）として規定される。

19 言語内的知識と言語外的な知識の区分は、既に生成意味論の研究プログラムにおいて否定されている。

20 フレーム（frame）、シーン（scene）、スクリプト（script）の概念に関しては、Norman and Rumehart（1975）、Schank and Abelson（1977）、Beaugrande and Dressler 1981）を参照。

21 以上の点から明らかなように、生成文法の研究プログラムは、（初期、中期の解釈意味論の枠組みであれ、MP の枠組みであれ）一貫して文法の統語部門が中心となり、意味部門はインターフェイスを介し、この統語部門の情報を入力として解釈していくアプローチをとっている。

　この種の作業仮説に基づくアプローチは、研究プログラムの一つのあり方としては理解できる。しかしここで問題にしたいのは、一つの研究プログラムを作業仮説として提示する際の、統語論を中心におく生成文法のアプローチの経験科学としての研究の生産性である。生成文法のパラダムが登場して以来、半世紀以上の年月を経ているが、（言語事実の

発掘、事実の新たな予測、記述・説明の深化の観点からみて）このパラダイムにおける意味研究の生産性は、当初の期待に反して停滞したまま現在に至っている。

22 談話・テクストレベルの広義の語用論、言語文化論、修辞学、等の関連分野で展開している認知言語学の応用的な研究に関しては、D'Andrade,（1995）、Fauconnier, and Turner（2002）、Gibbs（1994）、Lakoff and Turner（1989）、Langacker（2001）、Palmer（1996）、Stockwell（2002）、Turner（1987, 1996）、等を参照。

第 4 章

認知言語学の出現の背景
―― 生成意味論のレガシー ――

1. 認知言語学の歴史的背景

　認知言語学は、構造言語学、生成文法、等の従来の理論言語学の
パラダイムの根源的な批判を通して登場した理論言語学における新
たな研究プログラムである。認知言語学は、従来の言語学プロパー
の研究成果だけでなく、ゲシュタルト心理学、アフォーダンス理
論、認識人類学、現象学、情報科学、等の関連分野の知見も組み込
みながら研究を進めている。この新たな言語学は、1970 年代の後
半から 1980 年代の前半にそのルーツを遡ることができる。それ以
来、過去のおよそ半世紀に渡り、この研究プログラムは着実に進展
し現在に至っている。しかし、認知言語学の研究に携わっている一
部の若手、中堅の研究者は、認知言語学が既に確立した後にこの研
究プログラムに参加し、その歴史的な出現の背景を知らないまま研
究に従事している状況も存在する。このような状況で研究が進める
ことそれ自体が悪いという訳ではない。しかし、研究者としてコ
ミットしている研究パラダイムの内実を理解し、そのパラダイムが

どのような言語学の歴史的背景から出現してきたかを考えることは決して無意味ではない。実質的な意味でその学問が存続し、新しい展開を遂げていくためには、つねにその学問の背景となっている科学観と方法論を批判的に吟味し、検討していく必要がある。

2. 認知言語学の母体――生成意味論

　認知言語学の研究プログラムは、既存の言語学の研究から独立して突然に出現してきた訳ではない。歴史的にみた場合、この研究プログラムは、生成意味論（Generative Semantics）を背景として出現してきた新たな研究プログラムである[1]。

　生成意味論は、1960年代の後半に、生成文法の標準理論の枠組みの代案として出てきた研究プログラムである。この理論は、生成文法のシンタクスの自律性を前提にする文法研究に対し、文法の形式的、構造的な側面だけでなく、その背後の意味や運用に関わる要因、言語主体の主観性や身体性に関わる要因を考慮に入れて、言語現象を包括的に捉えなおしていくアプローチをとっている。この基本的なアプローチが、その後1970年代の後半から、認知言語学のパラダイムとして発展的に継承され、現在の研究に至っている。

　認知言語学のアプローチでは、根源的に、言葉の形式と意味の関係は、外部世界を解釈し世界と相互作用していく言語主体の認知プロセスによって動機づけられているという視点から言語現象を捉えていくが、この基本的な考え方は、生成意味論のアプローチのなかにその原点がある。

　認知言語学のパラダイムを推進してきている言語学者、例えばGeorge LakoffやRonald Langackerは、1970年代の前半までは、

生成意味論の研究をリードしてきている。これは決して偶然ではない。

　生成意味論から認知言語学への発展という視点からみた場合、言語現象の分析に関して、この二つの研究プログラムに一貫している方向性をみてとることができる。それは、言葉の背後に存在する主体の認知能力と運用能力から、言語現象を、いわば認知的、運用的な動機づけに裏うちされた発現系として創発的に規定していくという一貫した方向性である。実際、Lakoff は、認知言語学のバイブルとされる『認知意味論』（訳書）（原書：Lakoff 1987）のなかで、認知言語学は、生成意味論をへて、現在の研究へと発展してきたパラダイムであり、認知言語学の基本原理は生成意味論の基本原理でもあると明言している[2]。

3.　生成意味論の研究拠点

　認知言語学の研究プログラムを理解するためには、1960 年代の後半から 1970 年代に推進されていた生成意味論の研究を歴史的に振りかえる必要がある。

　筆者は、生成意味論が登場した 1970 年代にアメリカに留学している。（学部時代にカリフォルニア大学、大学院の修士課程、博士課程はミシガン大学に留学している。）カリフォルニア大学では、Langacker が、その当時からサンディエゴのキャンパス（UCSD）で教鞭をとっており、彼の理論言語学の講義とフィールド言語学の演習に出ていた。ミシガン大学の院生時代は、George. Lakoff が Robin Lakoff と生成意味論の研究プログラムを推進していた時代である。（筆者のミシガン大学に提出した博士論文（Yamanashi

（1975a））も生成意味論の研究である。）

　1970年の前半は、特にG. Lakoffが中心になって、ミシガン大学で、生成意味論の理論構築をしていた時期であり、James McCawley、John Ross、Paul Postal、Robin Lakoff、Jerrold Sadock、等の錚錚たる言語学者がこの研究の場に参加している。特にこの頃は、シカゴ大学からMcCawleyがミシガンに出講し言語学の講義の一部を担当しており、イリノイ大学のJerry Morgan、Georgia Greenも出入りし、Lakoffたちと生成意味論の研究プログラムを構築していった時代である。知的にも非常に興奮した懐かしい時代である[3]。

　またこの時期には、Langackerも、UCSDで生成意味論の線にそった重要な研究を進めている。その研究の一端は、生成意味論の立場から書かれた研究書（Langacker（1967）に反映されている[4]。さらに、この時期のUCSDの言語学科では、Gilles Fauconnierが生

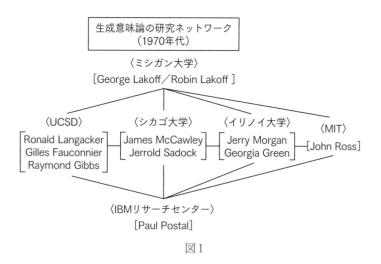

図1

成意味論の枠組みに基づく博士論文、心理学科では、Raymond Gibbs が実験心理学の分野での博士論文の研究を進めている[5]。（以上の 1970 年代の生成意味論の研究者のネットワークは、図 1 に示される。）

Langacker は、その後、認知文法（Cognitive Grammar）を提唱し、認知言語学の研究プログラムを精力的に推進していくことになる。Fauconnier は、その後 UCSD の認知科学科に職を得て、認知言語学の重要な理論の一つとなるメンタルスペース理論（Mental Space Theory）（さらに、Mark Turner とブレンディング理論（Blending Theory））を提唱していく。また、Gibbs は、その後 UC Santa Cruz 校に職を得て、認知言語学の実験心理学的パラダイムを構築していくことになる。

以上の、UCSD の研究状況から明らかなように、（G. Lakoff のミシガン大学時代の生成意味論の研究と同様）その後の Lanagcker と Fauconnier の認知言語学への展開の背景にも、生成意味論の研究がその重要な学問的な基盤になっている。（また、Gibbs の実験心理学の博論の研究は、生成意味論とは直接には関連していないが、その後の認知言語学の実験的な研究パラダイムの構築に繋がる研究として重要な意味をもっている。）

以上が、1970 年の前半の（認知言語学の幕開けの前の）生成意味論の時代である。CLS の略称で呼ばれている、シカゴ言語学会（Chicago Linguistic Soceity）が設立されたのもこの 70 年前後の時期である。この当時の CLS は、特に、生成意味論の研究の発展の場として重要な役割をになっている。この CLS に発表された生成意味論の多くの研究が、現在の認知言語学のパラダイムのバックボーンになっている。（この当時の生成意味論の重要な研究に関し

ては、本書の〈参考文献（生成意味論）〉を参照。）

　例えば、Lakoff のファジー論理、ゲシュタルト構文、統語的アマルガムに関する論文、Ross のカテゴリー・スクイッシュに関する論文、スペースグラマーの基礎になる Langacker の論文などが、この時期に発表されている。これらの論文は、プロトタイプ理論、カテゴリー化、文法的判断の相対性、空間認知と概念化、言葉の語用論的な機能の重要性に関わる代表的な研究であるが、現在の認知言語学の研究は、これらの生成意味論の知見を発展的に継承している。

　筆者も、この当時は生成意味論の論文を読み、言葉の運用、言葉の認知的な側面に興味をもち、そこから言語学を含む認知科学の関連領域に関心を広げていった。

　1970 年代の生成意味論の研究で注目すべき点は、生成パラダイムを中心としたその当時の文法中心の理論言語学の研究に、言語哲学、認知心理学、社会学をはじめとする関連領域の知見を積極的に取り込み、言語研究のスコープを拡げていった点にある。G. Lakoff の間接発話行為と会話の公準、Ross の遂行分析、McCawley の会話の含意とレキシコンなどの研究は、文法プロパーの研究から語用論や言語運用の研究への道を開いた研究と言える。また、Robin Lakoff のポライトネスと女性言語の研究は、現在のフェミニズム言語学の原点になっている（〈参考文献（生成意味論）〉を参照）[6]。

4.　認知言語学と言語研究の新展開

　理論言語学の研究には、基本的に二つの方向が存在する。一つはシンタクス、形式文法を中心とする自律的な言語研究の方向であ

る。もう一つは、言葉の形式的な側面だけでなく、意味・運用的な側面、認知的な側面からも言語現象を探求していく方向である[7]。

　これらの二つの方向のうち、生成意味論から認知言語学への展開は、後者の言語学の研究を進めてきている。特にこの30年前後の認知言語学の研究は、せまい意味での文法中心の研究から意味論、語用論の方向に研究のスコープを広げているだけでなく、根源的に日常言語を特徴づけているメタファー、メトニミーなどのレトリック的な側面の分析にも研究のスコープを広げてきている。

　従来の言語学の研究では、メタファー、メトニミーをはじめとする言葉の創造的な側面に関わる現象は、いわゆる修辞学の分野に属する現象として研究の対象から除外されていたと言える。換言するならば、これまでの言語学の研究では、文字通り（ないしは、字義通り）の意味をになう言語事例を中心とする文法の研究を越えるところまで、研究が広がらなかったと言える。従来の伝統的な言語学の研究では、暗黙のうちに、いわゆる「文法」が、記号系として、言葉の修辞的な意味や創造的な意味から独立した自律的な部門として存在するという前提があったと考えられる。

　これは西洋の学問の基礎となった古典的な三学科、つまり文法学、論理学、修辞学の区分とも関係している。言語学の研究が、この区分を直接に意識してきたとは思わないが、結果的にはこの種の学問分野の区分と無関係とは言えない。しかし、日常言語には、メタファー、メトニミーをはじめとする修辞的な要因や、推論に関わる論理的な要因も関係している。この点で、いわゆる文法の研究にも、ひろい意味で修辞学、論理学の研究も含まれることになる。また、このような包括的な視点から言葉の問題を問いなおしていかない限り、実質的な意味での言語学の進展は期待できない。

認知言語学の研究は、この意味で研究のスコープを広げてきていると言える。また、認知言語学の研究でもう一つ注目すべき点は、認知科学の関連分野からの知見を積極的にとり込みながら、新しい言語学のパラダイムを作り上げてきている点である。この研究プログラムには、例えば、ゲシュタルト、プロトタイプ、イメージスキーマ、図・地の分化／反転、スキャニング、アフォーダンス、ネットワークモデルなどの概念が導入されているが、この種の概念は、認知心理学、生態学をはじめとする認知科学の関連分野の研究に適用されている重要な概念である。

　認知言語学は、人間の一般的な認知能力と運用能力の創発的な発現の結果として言語現象を包括的にとらえていくアプローチをとる。従って、上記のゲシュタルト、プロトタイプ、イメージスキーマ、図・地の分化／反転、等の、いわゆる認知能力に関わる要因を言語現象の記述・説明に導入するのは自然である。また、認知言語学の研究に、以上のような言語学の関連分野の知見が導入されている点で、認知科学の隣接分野の研究者と言語学の研究者との学問的な交流も可能になっている。

　認知言語学のこの学際的な研究への志向は、最近の学界の動向にも反映されている。最近の日本認知言語学会（JCLA）や国際認知言語学会（ICLC）では、自然言語処理、失語症、言語習得、脳科学、人工知能などの関連分野の研究も発表されている。また、心理学、脳科学、情報科学、等の認知科学の研究者が、ワークショップを中心に言語学の研究者と意見を交換し、学問的な交流の場を広げてきている。このように認知言語学の研究の場が、その分野だけに閉じてしまうのではなく、学際的な研究の場へと展開していくのは健全な方向と言える。

5. 認知言語学の最近の動向

　認知言語学は、実際の生きた言語使用と言語理解の文脈において、ことばの形式・意味・運用の諸相を体系的に考察し、狭義の言語学の領域だけでなく、ことばの研究の関連分野（認知心理学、認識人類学、修辞学、情報科学、脳科学、等）の研究成果を柔軟に組み込みながら、学際的に研究を推進している。また、この研究プログラムは、文法論と意味論を中心に、音韻・形態論、語用論（談話・テクスト分析、会話分析を含む）、言語類型論、言語習得論、等と着実にその研究のスコープを広げ、学際的な言語科学として進展している。

　例えば、意味論の研究では、メタファー、メトニミー、語彙の意味拡張、意味のブリーチング、多義性、イメージスキーマ形成、イメージスキーマ変換、等のメカニズムが明らかになってきている[8]。さらに、この方面の意味研究の進展に伴い、歴史言語学の意味変化や文法化の研究が精力的になされている。また文法の研究では、カテゴリー化、プロトタイプ効果に関わる言語現象の分析が進み、文法の中核をなす構文研究の根本的な問い直しがなされている。特に、構文文法の研究の進展により、プロトタイプ効果に起因する構文の拡張のメカニズム、このメカニズムに基づく構文の複合ネットワークと構文の発現のメカニズムの諸相が明らかにされてきている。

　これまでの認知言語学の研究は、語彙レベル、文レベルの文法研究と意味研究が中心となっている。しかし、ここ十数年の認知言語学の研究は、そのスコープを、音韻・形態論、談話・テクスト分析、言語類型論、言語習得などの領域にも広げつつある。

認知音韻・形態論の分野では、特に用法基盤モデルに基づく音韻・形態ネットワークモデルの研究が精力的に進められている。従来の生成文法のアプローチの本質的な問題は、表層形の分布関係ないしは交替現象を規定するために、実在性を欠く極めて抽象的な基底形と派生規則を仮定した点にある。これに対し、認知音韻・形態論のアプローチでは、音韻・形態に関わる現象は、言語運用を反映することばの実在性（使用頻度、慣用性の強度、重みづけ、等）に裏づけられた表層形式のユニット間の動的なネットワークの分布関係によって捉えられ、音韻・形態レベルの言語現象の体系的な記述・説明が試みられている。

　認知類型論の分野では、特にラディカル構文文法の研究が注目される。生成文法のアプローチでは、個別言語の表層構造の違いを捨象し、抽象レベルで規定される普遍的な統語関係と文法カテゴリーを前提にして、統語現象に関する派生的な規定と一般化を試みる。これに対し、ラディカル構文文法に代表される認知類型論のアプローチでは、各言語を特徴づける構文が文法のコアであり、統語関係や文法カテゴリーは、各言語の固有の構文に基づいてその実質的な規定が可能になるという立場をとる。認知類型論の研究は、異言語の構文のヴァリエーションの広範な言語分析を通して、生成文法が前提としている統語構造の普遍性と生得性の仮説の本質的な限界を明らかにしている。

　さらに、最近の認知言語学の研究は、文・文法中心の研究から談話・テクストレベルのより包括的な言語現象の研究にそのスコープを広げつつある。この方向の研究としては、文法・意味・運用のユニフィケーションを試みる談話・テクストの研究が特に注目される。また、この十年前後の認知言語学の研究は、言語使用、言語運

用の研究だけでなく、身体化された認知能力の制約（身体と脳が連動する運動感覚系の制約）から、言語の概念体系と言語を越える記号系一般の発現と創造性のメカニズムを解明する方向に研究のスコープを広げている。

　また、上記の用法基盤モデルに基づく認知言語学の研究は、言語習得の研究にも新しい光を投げかけている。生成文法の言語習得のアプローチは、先験的に普遍文法を仮定し、大人の抽象的な文法の規則・原理に基づく瞬時的な言語習得モデルを前提にしている。これに対し、認知言語学のアプローチでは、この種の抽象的な普遍文法は仮定せず、具体的な言語理解と言語使用の文脈におけるボトムアップ的な言語習得のプロセスに注目し、言語データの個別事例からのスキーマ化、プロトタイプの事例から拡張事例へのカテゴリー化に基づいて、日常言語の創発的な言語習得のメカニズムの解明を図っている。この方向の研究成果の妥当性は、統計的な言語データと大量コーパスによる系列学習を基盤とする認知発達の研究成果と、コネクショニズム、複雑系の脳科学を背景とする言語習得の研究成果によっても裏づけられてきている[9]。

　また認知言語学の研究では、これまで分野的に棲み分けていた言語学の研究者の間の交流や言語学と関連分野の研究者の間の交流も可能になってきている。例えば、これまでは歴史言語学系と理論言語学系の研究者は、分野的に棲み分けて研究しているが、最近の認知言語学の意味拡張のネットワークの研究や文法化の研究は、二つの分野に橋渡しをする方向に向かっている。また、イメージ形成、イメージスキーマ、スキャニング、等の知覚や記憶表象に関する認知言語学の研究も精力的になされているが、この種の研究を通して、心理学、脳科学、等の認知科学の関連分野に言語学の研究成果

を適用していくことが可能になる。

　実際、今後の研究の進み方によっては、言語学と関連分野の交流が、いままで以上に活発になっていく可能性が出てくると言える。このような関連分野の学問的な交流を図る企画も実現しつつある。例えば、朝倉書店から『認知言語学大事典』（辻（監修、2019））が出版されているが、この『事典』は、認知科学的な視点から言語学と関連領域（例えば、失語症、言語発達、自然言語処理、人工知能、コーパス言語学、言語哲学、脳科学、複雑系の科学、等）の新たな展望を図っている。この『事典』に反映される言語学の関連領域の研究は、言語学の研究に新たな知見を提供すると同時に、言語学の研究成果を関連分野にも適用し学際的な研究の交流の場を提供している[10]。

6.　言語学と大学の研究体制

　ただし日本の場合、特に大学の場合には、これを実現していくには、まだ研究・教育の制度的な面にいくつかの限界がある。これは、特に学際的な研究体制が敷かれているアメリカの大学とくらべた場合に明らかである。

　例えば、カリフォルニア大学サンディエゴ校（UCSD）は、言語学と認知科学の関連分野の研究の複合体として機能している世界的な研究拠点であり、国際的に著名な学者が認知科学の関連分野で活躍している。言語学科の関係では（リタイアはしているが）リサーチ・プロフェッサーの Ronald Langacker、認知科学科には言語学の Gilles Fauconnier、Seana Coulson、Benjamin Bergen、数学の Rafael Núñez、言語研究センター（CRL）にはエルマンネットの

研究で知られる Jeffrey Elman、言語習得研究の Jean Mandler、哲学科には脳哲学の Paul Churchland と Patricia Churchland、人類学と民俗学の関係では認知人類学の Roy D'Andrade、認知環境学の Edwin Hutchins、文化心理学の Michael Cole、脳科学研究所には Vilayanur Ramachandran といった、錚錚たる学者が研究に携わっている。（また UCSD のキャンパスの隣には、世界的に有名なソーク研究所があり、手話学の Bellugi Klima や計算脳科学の Terrence Sejnowski が研究に携わっている。）もちろん、これらの学者がいつも一堂にかいして共同研究を行っている訳ではないが、認知科学の関連分野の非常に学際的で刺激的な研究の拠点が、一つの大学（UCSD）とその関連地区に実現している[11]。

　また、コネクショニズムないしは並列分散処理（PDP）のパラダイムの創始者の David Rumelhart も、かって UCSD の心理学科に研究の拠点をおいている。このコネクショニズムの発想は、認知言語学の音韻・形態ネットワークや構文ネットワークの発想とも親和性が認められる。Langacker の認知文法は、認知言語学のパラダイムに基づく言語学プロパーの言語理論として一般的には理解されているが、彼自身、認知文法のコアとなる認知能力を、脳の情報処理プロセスの発現に関連づけて研究を進めている[12]。この点でも、Langacker の認知言語学の研究と上述の UCSD の認知科学の学際的な学問の研究環境は決して無関係とは言えない。換言するならば、Langacker の認知言語学のパラダイムは、UCSD のような学際的な研究複合体の知的風土のなかから生まれてきていると言える[13]。

　以上の UCSD の学際的な研究ネットワークは、図2に示される。（図2の ［　］ 内は故人の研究者を示す。）

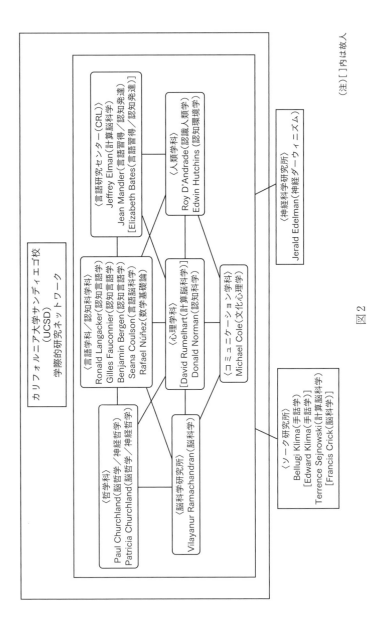

カリフォルニア大学サンディエゴ校
（UCSD）
学際的研究ネットワーク

〈言語学科／認知科学科〉
Ronald Langacker（認知言語学）
Gilles Fauconnier（認知言語学）
Benjamin Bergen（認知言語学）
Seana Coulson（言語脳科学）
Rafael Núñez（数学基礎論）

〈言語研究センター（CRL）〉
Jeffrey Elman（言語脳科学／計算脳科学）
Jean Mandler（言語習得／認知発達）
[Elizabeth Bates（言語習得／認知発達）]

〈人類学科〉
Roy D'Andrade（認識人類学）
Edwin Hutchins（認知環境学）

〈心理学科〉
[David Rumelhart（計算脳科学）]
Donald Norman（認知科学）

〈コミュニケーション学科〉
Michael Cole（文化心理学）

〈哲学科〉
Paul Churchland（脳哲学／神経哲学）
Patricia Churchland（脳哲学／神経哲学）

〈脳科学研究所〉
Vilayanur Ramachandran（脳科学）

〈神経科学研究所（神経ダーウィニズム）〉
Jerald Edelman

〈ソーク研究所〉
Bellugi Klima（手話学）
[Edward Klima（手話学）]
Terrence Sejnowski（計算脳科学）
[Francis Crick（脳科学）]

（注）[ ]内は故人

図2

90

認知系の言語学者のアプローチにはゆるやかな幅があるが、その背後に脳科学やコネクショニスト・モデルの発想が反映されているのは、やはりアメリカの大学の一部に、このような学際的な研究体制が敷かれていることと無関係ではない。

　日本の場合、とくに大学の場合には、言語学が関連分野と連携しながら学際的な研究を進めていくためには、学問的な環境と研究・教育の制度的な面に本質的な限界がある。日本にも認知科学会のような関連分野をクロスオーバーする学会が存在するが、そこに参加する学生や研究者の所属する大学の制度は、かならずしも学際的に組み上がってはいない。言語学の研究を考えた場合、制度的には言語学科、国文科、英文科などが存在する学部と大学院でそれなりの研究と教育はできるが、言語学の関連分野の知見、特に理系、工学系などの関連分野の基礎的な知識を体系的に組みこんだ教育は、制度的には確立していない。

　言葉の研究だけでなく、文系、理系、工学系の学問を適切に組みこんだ教育・研究体制の確立を目指さない限り、学際的な言語学の研究の進展は期待できない。また、大学だけの改革には限界がある。アメリカの研究体制（特に、上にみた UCSD に代表される学際的な研究体制）のように、大学と研究所、研究センターなどとの連携を基盤とする研究と教育の制度的な改革が必要になる。

7.　理論言語学の批判的展望

　理論言語学の研究は、一つの転機にさしかかっている。これまでの言語観、例えば生成文法の言語観では、言語能力は、人間の一般的認知能力から切り離された自律的な能力と仮定されているが、こ

の種の能力は、一般的な認知能力と運用能力から問いなおしていく必要がある。また、文法という概念の位置づけも根源的に問いなおしていく必要がある。文法は有限の規則によって無限の文を生成する計算システムといったトップダウン的な規則依存の文法観も、根本的に問いなおす必要がある。

　認知言語学のアプローチでは、トップダウン的な規則によって可能な文を派生的に規定していくのではなく、言語主体の言語使用や言語習得の過程に注目するボトムアップ的なアプローチを重視する。このアプローチでは、具体的な事例の定着度、慣用度との関連でスキーマを抽出していくプロセスに注目し、このスキーマとの関連で他の具体事例の予測を行い、このスキーマの動的な拡張のプロセスを介して新しい事例を規定していくという、言語使用、言語運用を重視したアプローチをとる。

　生成文法の言語観は、抽象的な表示レベルと先験的な概念区分を前提とするトップダウン的な言語観を前提としている。生成文法のトップダウン的な言語観は、二分法的な概念区分、例えば、言語能力と言語運用、内的言語と外的言語、文法性と適切性などの区分を前提としている。言語使用、言語運用を重視する認知言語学のアプローチでは、この種の二分法的な概念区分も根本的に問いなおされる。

　これまでの理論言語学（特に、形式文法を中心とする言語学）の研究は、文法の形式と構造の解明を中心とする抽象的な記号・計算主義的なアプローチを前提とし、形式と意味の閉じた記号系に基づく言語観を前提としているが、この種の言語観も、根本的に問いなおしていく必要がある。

　言葉の発生の根源には、感覚的な情報処理、イメージ形成、視点

の投影、共感、視点のゆらぎなどの感性的な経験や身体的な経験が関っている。したがって、この種の経験につながる文脈のなかから、カテゴリーの分化、分節化をともなう日常言語の記号系の発現の動的なプロセスをみていくことが必要となる。一見したところ、領域固有的に分化し、モジュール的に落ち着いているようにみえる言葉の世界は、記号が発現し変化し続けるゆらぎのなかの結果的に安定したかにみえる現象の一面にすぎない。この新たな言語観から言葉の研究を見なおしていく必要がある。

　一般に、研究者は、現実に携わっている当面の研究に没頭し、余裕をもって客観的に自分の研究の前提となっている言語観や学問観を意識的に問いなおすことは困難である[14]。

　しかし、ある研究を理解するには、その研究が前提とする理論や方法論を理解するだけでなく、問題の研究者がどのような学問観をもっているのか、どのような科学観、世界観から対象をみているのかといった、理論や方法論に先だつ（科学哲学的にみて本質的な）問題を考える必要がある。この本質的な問題を考えないかぎり、その研究の背景となっている理論や方法論を理解するのは不可能と言える。これは、どの研究者も念頭においているはずの常識的な問題意識である。しかし、実際に具体的な研究に向かっていく過程で、この種の問題意識は薄れ、その研究を支配している前提の本質を批判的にみていくスタンスが失われていくのが現状である。この点を意識しながら研究を進めていかない限り、言語研究の本当の意味での進展は望めないと言える[15]。

　注
1　生成意味論の代表的な研究に関しては、本書の〈参考文献：（生成意味論）〉

の著書、論文、等を参照。

2 認知言語学の代表的な言語学者である Lakoff 自身、認知言語学の研究の
   原点となっている著書（Lakoff 1987）のなかで、認知言語学の中核を
   なす認知文法理論は、生成意味論を経て現在の研究へと発展してきた文
   法理論であり、認知言語学のいくつかの基本原理は、生成意味論の基本
   原理でもあると明言している。

   > A. Cognitive grammar ... has developed gradually over a number of
   >   years, evolving from generative semantics and case grammar
   >   through the theory of linguistic gestalts to its present form. ... I
   >   view cognitive grammar as an updated version of generative
   >   semantics.   (Lakoff 1987: 582)
   > B. Certain basic principles of cognitive grammar were also basic
   >   principles of generative semantics.   (ibid.: 583)

   以上の生成意味論と認知言語学の関係に関しては、さらに山梨（2000:
   253–254）の「生成意味論のレガシーと認知言語学」のセクションを参照。

3 1970 年代の前半のミシガン大学の言語学科では、G. Lakoff と R. Lakoff
   だけでなく、タグミーミックス（Tagmemics）の提唱者である Kenneth
   Pike も教鞭を取っていた。

   またこの当時、オハイオ州立大学の言語学科に職を得ていた Charles
   Fillmore は、格文法理論（Theory of Case Grammar）を提唱している。
   理論的にみた場合、格文法理論は、生成文法から生成意味論への展開の
   橋渡しとなる言語理論として位置づけられる。

   興味深いことに、Fillmore の格文法理論のアイデアの一部には、Pike
   のタグミーミックスのフィラー／スロット（Filler/Slot）のアイデアと生
   成文法の深層構造／表層構造のアイデアが反映されている。（Fillmore は
   ミシガン大学の大学院で学んでいるが、ミシガンでは Pike が彼の指導
   教官である。Fillmore のこの学問的な背景を考えた場合、格文法理論に
   タグミーミックスのアイデアが反映されているのは偶然とは言えない。）

4 この時期の、Langacker の生成意味論のパラダイムを背景とする論文と

しては、特に次の二つの論文が注目される。

Langacker, Ronald W. 1975. "Functional Stratigraphy." in Robin E. Grossman *et al.*（eds.）*Papers from the Parasession on Functionalism*, 351–397. Chicago: Chicago Linguistic Society.

Langacker, Ronald W. 1976. "Semantic Representations and the Linguistic Relativity Hypothesis." *Foundations of Language* 14: 307–357.

5　Gilles Fauconnier の生成意味論の博士論文は、以下の統語論のグローバル制約（global constraints）に関する研究である。

Fauconnier, Gilles 1971. *Theretical Implications of Some Global Phenomena in Syntax*、Ph.D. Dissertation、UCSD.

6　1970 年代の生成意味論の研究（ないしは、広義の生成意味論の研究）としては、さらに Wallace Chafe、Laurence Horn、Leonard Talmy の以下の研究が挙げられる。

Chafe, Wallace 1970. *The Meaning and the Structure of Language*. University of Chicago Press.

Horn, Laurence R. 1972. *On the Semantic Properties of Logical Operators in English*. Ph.D. Dissertation, University of California, Los Angeles.

Talmy, Leonard 1972. S*emantic Structures in English and Atsugewi*. PhD. Dissertation, University of California, Berkeley.

また以下の研究も、生成意味論の知見を組み込む重要な研究として注目される。

Givón, Talmy 1979. *On Undertanding Grammar*. New York: Academic Press.

Gruber, Jeffrey S. 1965. *Studies in Lexical Relations*. Ph.D. Dissertation, MIT.

Norman, Donald and David E. Rumelhart 1975. *Explorations in Cognition*. San Francisco: Freeman.

7 前者は、構造言語学と生成文法の研究の方向であり、後者は認知言語学の研究の方向である。これらの言語学の古典的な研究に関しては、本書の〈参考文献（言語学と関連分野）〉を参照。また、認知言語学の包括的な研究動向に関しては、Yamanashi（2016）を参照。さらに、認知言語学の音韻・形態論、統語論、意味論、語用論と関連分野の海外における古典的な論文に関しては、Yamanashi（ed. 2016）の5巻本の論文集（London: Sage Publications）を参照。

8 認知言語学におけるメタファー、メトニミー、等の意味研究は、語彙の多義性に関わる体系的で科学的な辞書研究に貢献している。また、認知言語学のこの方面の研究の知見は、文学理論、詩学、記号論、等の修辞的な研究に適用されている。この点で、認知言語学の研究は、言語学の関連領域の修辞学の研究を活性化させている。認知言語学と関連領域の修辞的研究の海外の動向に関しては、Yamanashi（ed. 2016）の5巻本の論文集（London: Sage Publications）を参照。

9 認知言語学の研究から得られた知見の一部は、文学テクストや詩の分析に適用されている。この方面の代表的な研究としては、Lakoff and Turner（1989）、Turner（1987, 1991, 1996）、等を参照。また、認知言語学の研究の心理実験や数学基礎論の研究も進められている。前者の研究としては Gibbs（1994）、後者の研究としては Lakoff and Núñez（2000）を参照。さらに、文化人類学や言語進化の研究にも、認知言語学の分析を適用する研究が進められている。前者の研究としては、D'Andrade（1995）、Palmer（1996）、後者の研究としては Croft（2000）、Tomasello（1999）を参照。Tomasello は、言語進化の研究だけでなく、認知言語学の観点（特に、用法基盤モデルの観点）から言語習得の研究を進めている（cf. Tomasello（1995, 2003））。言語習得への認知言語学的な視点からの研究としては、さらに Bates（1979）、Mandler（2004）などの研究も注目される。また、手話やジェスチャーに関する認知言語学の研究としては、Sweetser（2006）、Wilcox（2004）を参照。

10 認知言語学の研究パラダイムは、現在まで欧米を中心に国際レベルで発

展してきている。しかし、認知言語学の研究プログラムの背景となる考え方と発想の一部は、伝統的な日本の国語学のなかにも認められる。例えば、時枝誠記の言語過程説や佐久間鼎、三尾砂の文法論の一部にも認知言語学的な発想が認められる（時枝（1941）、佐久間（1959）、三尾（1948））。また、言語論と言語認識論の分野では、三浦つとむの研究にも、ひろい意味での認知言語学的な発想が認められる（三浦 1967）。

　さらに、認知言語学のパラダイムは、身体的な経験を基盤とする言語分析を進める点で、メルロポンテやフッサールの身体論を背景とする現象学の発想とも関連している（Merleau-Ponty（1945）、Husserl（1950））。（認知言語学と現象学の統一的な分析に関しては、宮原（2009）を参照）。また認知言語学は、認識論的には、言語能力を人間の一般的認知能力の観点から探求していく点で、ピアジェの認知発達の研究の方向とも軌を一にする（Piaget 1972）。

11 UCSD のキャンパスに隣接するソーク研究所（図 2、参照）では、DNA の二重螺旋構造の発見により James Watson とノーベル生理学・医学賞を受賞した Francis Crick が、生命科学から脳科学に転向し、心の発現プロセスに関する脳科学的な研究を行っている。また、UCSD の南方（サンディエゴ）に位置する神経科学研究所は、神経ダーウィニズムで有名な脳科学者の Jerald Edelman の研究拠点である（図 2、参照）。また既に他界しているが、1970 年代の UCSD の言語研究センター（CRL ＝ Center for Research in Language）には、Elizabeth Bates が言語習得の認知的研究を推進している。CRL におけるこの分野の研究は、Jean Mandler の研究グループに引き継がれている。

12 Langacker は、彼自身が推進する認知文法（CG ＝ Cognitive Grammar）とコネクショニスト・モデル（ないしはニューラルネットワーク・モデル）の関連性を次のように述べている。

　　CG is more at home in the "connectionist" ("neural network") world of dynamic systems, parallel processing, distributed representations, and computation by simultaneous constraint satisfaction.

13 カリフォルニア大学バークレー校のレイコフの研究グループも、脳科学やコネクショニスト・モデルの研究者と共同研究を進め、最近は特に脳科学的な視点からメタファーの概念体系の研究を進めている。

14 自分の研究の妥当性を批判的に意識する場合には、進行中の研究が中断される場合もある。そのため、研究者によっては、本能的に（あるいは意識的に）自分の研究が前提とする学問観や方法論の妥当性を検討しないまま、研究を進める傾向がある。

15 本章で考察した認知言語学の研究の歴史的な背景と現在までの研究状況、および今後の展望に関しては、筆者が編集した Sage Publications の以下の論文集（5巻本）を参照。

> Yamanashi, Masa-aki (ed.) (2016) *Cognitive Linguistics*. (Vol.1 〜
> Vol.5) London: Sage Publications.
>
> > ［Vol. 1 Theory and Method
> >
> > Vol. 2 Cognitive Phonology and Morphology
> >
> > Vol. 3 Cognitive Grammar and Syntax
> >
> > Vol. 4 Cognitive Semantics
> >
> > Vol. 5 Cognitive Linguistics and Related Fields］

また、認知言語学と関連分野の研究の歴史的展開と今後の展望に関しては、この論文集の第1巻に掲載されている以下の論考を参照。

> Yamanashi, Masa-aki (2016) "New Perspectives on Cognitive
> Linguistics and Related Fields." In M. Yamanashi (ed.) (2016)
> *Cognitive Linguistics*. Vol.1, pp.xix–xlix. London: Sage
> Publications.

第 5 章

認知言語学の哲学的背景と
隣接科学との関連性

1. 認知言語学の哲学的背景

　認知言語学は、単に理論言語学の一理論として位置づけられるの
ではなく、その研究プログラムの背景には、身体論的な哲学に関わ
る人間の心、意識、概念体系のメカニズムに関する次のような見解
が存在する：A. 心は身体化（embodied）されている、B. 思考の
大部分は認知的に無意識的（cognitively unconscious）である、
C. 抽象的な概念体系はメタファー（i.e., conceptual metaphor）
に根ざしている（Lakoff and Johnson 1999: 3）[1]。

　以上の見解に基づく認知言語学の科学観は、これまでの西洋哲学
の伝統的な科学観とは本質的に相いれない。たとえば、デカルト的
な身体と心が切り離された人間（ないしは、カント哲学の絶対的
で、超越的な理性をもった人間）は存在しない。脱身体的な思考を
前提とする分析哲学や生成文法が前提とするような人間も存在しな
い。上述のAの見解（i.e., 身体化された心）の視点は、この種の
人間観とは相容れない。また、身体化された心は、知覚や運動のよ

うな身体能力と切り離された理性としては存在しない。理性は、根源的には身体化された人間の認知能力に由来し、心を特徴づける人間の概念体系は、脳の感覚運動システムとニューラルネットワークの経験的な特性と制約によって特徴づけられている。

さらに、人間の思考、推論、判断に関わる認知機構は、基本的に無意識的である（cf. 上述の B の認知的無意識の見解）。この認知的無意識の水準には、(i) 基本レベルの概念、(ii) 意味フレーム、(iii) 空間関係の概念、(iv) イメージ・スキーマ、(v) 概念メタファーなどが関わっている。(i) の基本レベルは、われわれが外部世界をカテゴリー化していく際に、経験的に最も基本的なレベルで対象を認知するレベルである。(ii) の意味フレームは、日常世界の経験の背景を特徴づける知識構造、(iii) の空間関係の概念は、前後、左右、等の次元に基づく基本概念である。また、(iv) のイメージ・スキーマは、個々の具体事例を特徴づけるイメージの共通性に基づいて抽出される図式レベルの概念である。そして、(v) の概念メタファーは、具象的なイメージ・スキーマの概念領域の特性により、抽象的なイメージスキーマの概念領域の比喩的な理解を可能とする認知のメカニズムである。

認知言語学は、以上の (i)〜(v) に関わる認知のメカニズムとの関連で、知・情・意、思考、推論、判断、等に関わる人間の心のメカニズムの解明を試みる新たな研究プログラムである。この研究プログラムは、これまでの言語学の研究に新たな知見を提供するだけでなく、人間の知の探求に関わる学問の関連領域に重要な知見を提供する。

以下では、認知言語学と関連領域の学問の相互関係を考察していく。特に以下の考察では、伝統的な国語学、ゲシュタルト心理学、

知覚の現象学、科学哲学、等の学問領域への認知言語学の貢献の可能性を考察するとともに、これらの関連領域の学問と認知言語学に共通に認められる知の探求の方向性を検討していく。

2. 認知言語学と言語過程説の言語観

　認知言語学の言語観で重要な点は、言語現象を、認知主体による世界の意味解釈に関わる認知プロセスの反映として規定していく点にある。この言語観は、必ずしも認知言語学だけに特筆されるべき言語観ではない。この種の言語観は、伝統的な日本の国語学の研究にも見いだせる。国語学の伝統のなかでも、特に時枝誠記の言語過程説に基づく文法論に、以上の認知言語学の言語観に通じる考え方が認められる。

　時枝の言語過程説は、言語の本質は、言語主体の心的プロセスにあるという点に立脚している。この種の心的プロセスに基づく言語の一般的な規定に際し、時枝は、言語成立の外的条件として、言語主体、場面、素材の三つを挙げている（図1）。

図1 （時枝 1941: 41）

基本的に言語表現は、場面において成立する。言語主体としての話し手は、この場面において、素材としての対象世界と何らかの志向関係によって結ばれている。時枝の言語過程説では、言語主体と場面の関係は図 2 のように規定される[2]。

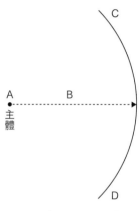

図 2 （時枝 1941: 43）

　この場合、CD は対象世界、B はこの対象世界 CD に対する主体 A の心的プロセス（i.e. 志向作用）を示している。言語過程説では、言語表現の意味は、素材としての対象世界に対する言語主体の心的プロセスとして特徴づけられる[3]。

　この言語過程説による言語観は、認知言語学の事態把握の認知的な解釈（construal）に基づく言語観に通じる。認知言語学の言語観で基本的に重要な点は、言語現象を、言語主体による事態把握に関わる認知プロセスの反映として規定していく点にある。この認知言語学の言語観は、以下の Langacker の認知的視点（imagery）による意味規定に関する言明（A, B）から明らかである。

A. All the sentences ... describe the same configuration, but each does it through a different image. ... Imagery simply pertains to alternate ways of construing or structuring a conceived situation.　　　　　　　　　（Langacker 1982: 30）

B. ... they describe our ability to construe a conceived situation in alternate ways － by means of alternate images － for purposes of thought or expression.

（Langacker 1987: 110）

これらの言明における imagery は、概念化される対象としての共通の事態（conceived situation）を言語主体が解釈する際のことなる視点（alternate ways, alternate images）の集合を意味する。この認知言語学の言語観によれば、言葉の意味は、共通の事態に対する言語主体の視点の投影の認知プロセスの反映として規定される。

　時枝の言語過程説における意味規定と Langacker の認知言語学の意味規定に関わる用語はことなるが、基本的には、言葉の世界を、言語主体の心的プロセスないしは認知プロセスの反映として規定していく点で共通している。

　ただし、両者の言語現象に対する規定の仕方に関しては、次の点を検討する必要がある。時枝の言語過程説では、日常言語を構成する基本的な言語表現は、表現される事柄を客体化し概念化する表現と、表現される事柄を主観的に伝える表現に大別される。このうち、前者は「詞」、後者は「辞」として基本的に区分される。この詞と辞の区分は、時枝（1941）では、次のように規定される。

　　構成的言語観に於いては、概念と音声の結合として、その中に

全く差異を認める事が出来ない筆語も、言語過程観に立つなら
ば、その過程の中に重要な差異を認めることが出来る。即ち、

　　一　概念過程を含む形式

　　二　概念過程を含まぬ形式

一は、表現の素材を、一旦客體化し、概念化してこれを音聲に
よって表現する …。これらの語を私は假に概念語と名付ける
が、古くは詞といはれたものであって、鈴木朖はこれを、「物
事をさしあらはしたもの」であると説明した。これらの概念語
は、思想内容中の客體界を専ら表現するものである。二は、観
念内容の概念化されない、客體化されない直接的な表現であ
る。… 私はこれを觀念語と名付けたが、古くは辭と呼ばれ、
鈴木朖はこれを心の聲であると説明してゐる。それは客體界に
対する主體的なものを表現するものである。

（時枝 1941: 231–232）

　この引用から明らかなように、時枝の詞と辞の区分は、国学の研
究における鈴木朖の『言語四種論』（鈴木（1824））の区分を継承
している。鈴木（ibid.）は、詞をさらに三種類の詞（体の詞（i.e.
名詞）、形状ノ詞（i.e. 形容詞）、作用の詞（i.e. 動詞））として、
「てにをは」に関わる辞としての助詞、助動詞、等から区分してい
る。前者は「さすところあり、詞であり、事物をさし顕す」が、後
者は「さすところなし、声なり、詞につける心の声なり」としてい
る（cf. 時枝（1941: 232–233））。時枝の言語過程説は、以上の鈴木
の言語観を継承し、詞としての名詞、形容詞、動詞のカテゴリーと
辞としての助詞、助動詞、等のカテゴリーを区分している[4]。

　ここで注意すべきは、認知言語学のアプローチ（特に Langacker

の記号的文法観（symbolic view of grammar）に基づく認知言語学
のアプローチ）では、言語の規定に際し、以上のような概念化の有
無の基準による区分はなされない。認知言語学の記号的文法観は、
日常言語を構成する要素は、名詞、形容詞、動詞、助詞、助動詞、
等のいずれの記号範疇であれ、厳密には、言語主体が外部世界を解
釈する認知プロセスの反映である、という言語観に基づいている。

　この言語観は、Langacker の次の引用から明らかである。（以下
の引用の CG は、認知言語学のパラダイムの中核をなす「認知文
法」（Cognitive Grammar）の略語である。）

> CG's most fundamental claim is that grammar is symbolic in
> nature. ... An immediate consequence of this position is that
> all constructs validly posited for grammatical description (e.g.
> notions like "noun", "subject", or "past participle") must in
> some way be meaningful.　　　　　　（Langacker 2008a: 5）

> CG holds that lexicon, morphology, and syntax form a
> continuum, divided only arbitrarily into discrete components
> ... every construct validly posited in grammatical description
> has a semantic pole and is therefore meaningful (though the
> meanings are often quite schematic.　（Langacker 2009: 1–2）

この記号的文法観では、日常言語の語彙レベルから文レベルにわた
る記号のどの構成要素であれ、全て言語主体の認知プロセスを反映
する有意味な存在として規定される。したがって、言語過程説の言
語観とはことなり、名詞、形容詞、動詞だけでなく、助詞、助動

詞、等のあらゆる文法の構成要素が、言語主体の認知プロセスを反映する存在として同等に位置づけられる。

　以上の言語過程説と認知言語学の言語観を比較する場合さらに注意すべき点は、時枝が言語過程説で使う「概念化」と Langacker が認知言語学の文法論において使う "conceptualization" の違いである。言語過程説における「概念化」は、基本的に言語主体が「詞」に関わる素材としての対象を客体化するプロセスを意味し、このプロセスは、「辞」に関わる主体の主観的（ないしは主体的）な（いわゆる「心の声」としての）心的プロセスとは区別される。

　これに対し、認知文法における Langacker の "conceptualization" の認知プロセスは、言語主体の外部世界の解釈と意味づけに関わるあらゆる認知プロセス（ないしは心的プロセス）を意味する（cf. "... conceptualization, mental experience, and cognitive processing are proper concerns of semantic analysis." (Langacker 1987: 99)）。この点で、言語過程説における時枝の意味する「概念化」と認知文法において Langacker が意味する "conceptualization" は厳密にはことなる。

　以上に考察した、時枝の言語過程説の言語観は、さらに三浦つとむの言語認識論に受け継がれている。三浦（1971）は、以下の引用にみられるように、時枝の言語過程説における「客体的表現」と「主体的表現」の区別を継承している。

　一切の語を、語形や機能などではなく　対象──→認識──→表現
　という過程においてしらべてみると、
　次のように二つの種類に分けられることがわかります。
　　一、客体的表現

二、主体的表現

一は、話し手が対象を概念としてとらえて表現した語です。「山」「川」「犬」「走る」などがそれであり、また主観的な感情や意思などであっても、それが話し手の対象として与えられたものであれば「悲しみ」「よろこび」「要求」「懇願」などと表現します。これに対して、二は、話し手の持っている主観的な感情や意思そのものを、客体として扱うことなく直接に表現した語です。

　　悲しみの「ああ」、よろこびの「まあ」、要求の「おい」、懇願の「ねえ」など、感動詞といわれるものをはじめ、「......だ」「......ろう」「......らしい」などの助動詞、「......ね」「......なあ」などの助詞、そのほかこの種の語をあげることができます。

　　　　　　　　　　　　　　　　　　　　　（三浦 1971: 68–69)

　この三浦（1971）の引用のなかで特に重要なのは、客体的表現と主体的表現の区分だけでなく、言語を「対象──認識──表現という過程」から捉えていく点である。言語に対するこの捉え方は、認識の対象に対する主体の把握の仕方が、言語表現に反映されるという認知言語学と言語過程説の言語観と軌を一にする。

　ただし、三浦の客体的表現／主体的表現の区分と時枝の客体的表現／主体的表現の区分は、概念化に関し厳密にはことなる。時枝の言語過程説では、主体的表現は概念化されない主体の主観的な認識を表現するとしている。これに対し、三浦の言語認識論では、「主体的表現」と「客体的表現」のいずれも概念化された表現としている。この点で、両者の言語観は厳密にはことなる。以上の概念化の視点から見た場合、三浦の言語認識論は、むしろ Langacker の

"conceptualization" の認知プロセスに基づく認知文法の言語観との親和性が認められる。ただし、三浦の「概念化」と Langacker の "conceptualization" の言語学的な位置づけに関しては、さらに綿密な検討が必要となる[5]。

3. 認知言語学と現象学の関連性

　以上の考察から明らかなように、認知言語学のアプローチで重要な点は、言語現象を、言語主体としての人間が世界を意味づけ、解釈していく認知プロセス（ないしは心的プロセス）の反映として規定していく点になる。

　この認知言語学の心的アプローチは、現象学の「ノエシス」／「ノエマ」の区分に基づく志向性の問題にも関係する。現象学では、意識の本質は「志向性」（すなわち、〈〜に向かう意識／〜を志向する意識〉）にあるとされるが、志向は思考作用を意味する「ノエシス」として規定され、思考されたもの（対象）を意味する「ノエマ」から区別される。このノエシスの心的作用は、以上に考察してきた認知言語学における言語主体の認知プロセスとして解釈することも可能である[6]。

　現象学における志向作用（ないしはノエシスの心的作用は）、さらに対象の知覚にかかわる「射映」の問題に関係する。基本的に外部世界の対象それ自体（ないし「物自体」）は直接には知覚することは不可能である。知覚対象は、そこに投げかける多様な視点に基づく志向作用を解して現出する。換言するならば、知覚のプロセスは、知覚対象のある一面を様々なことなる相（ないしはパースペクティヴ）を介して射映するにすぎない。

例えば椅子を知覚する場合、椅子そのものを直接的に知覚することは不可能である。換言するならば、椅子は、図3に示されるように、多様な視点（ないしはパースペクティヴ）に基づく射映による現出として知覚される[7]。

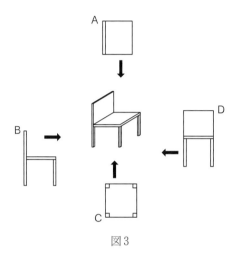

図3

　図3におけるＡ、Ｂ、Ｃ、Ｄの図は、ことなる視点に基づく射映として現出する椅子の知覚イメージであり、同一の椅子に対することなる「見え」（ないしは「現れ」）を示している。図3では、一応、Ａ、Ｂ、Ｃ、Ｄの図によって囲まれている中央の椅子の図は、同一の椅子を意味している。しかし、わらわれの知覚経験においては、厳密には、この中央の椅子の図それ自体も、ある視点（ないしはパースペクティヴ）を通して射映される椅子に関する一つの現れに過ぎない点に注意する必要がある。この点を考慮した場合、椅子それ自体（すなわち、その「物自体」としての椅子）を直接把握して、図として描くことは厳密には不可能である。

ただし、上の図3のA〜Dの図と中央の椅子の図は、椅子の認識に関し本質的にことなる。中央の図も、厳密には椅子それ自体の現れ（i.e.（射映））の一面ではあるが、この図からは問題の対象が椅子であることが推測できる。これに対し、A〜Dの図からは、問題の対象が椅子であることは唯一的には推測できない。（A〜Dのタイプの図は、具体的な文脈が与えられない限り、その図がどのような対象を示しているかは明らかでない。）

　以上の点で、中央の図とA〜Dのタイプの図の間には、認知的に本質的な違いが存在する。厳密には、中央の図も椅子それ自体の現れの一面を示しているに過ぎないが、この図は、基本的にテーブル、机、その他の存在から椅子を区別するに足る知覚的な特性を示している。（換言するならば、このタイプの図には、基本的にテーブル、机、その他の存在から椅子を唯一的に区別する弁別的な特性が備わっている。）この点で、中央の図は、A〜Dのタイプの図と認知的にことなる点に注意する必要がある[8]。

　以上の現象学における射映による知覚の規定は、認知言語学におけるLangackerの事態把握の世界観にも通じる。基本的に、言語主体がある共通の事態を言語化する場合、そこには何らかの視点（ないしはパースペクティヴ）が投映されている。次の引用に示されるように、Langackerは、事態把握に際して投げかけられるこの種の視点の集合を"imagery"として規定している。

　　Imagery simply pertains to alternate ways of construing or structuring a conceived situation. ... it simply refers to alternative ways of construing a conceptual scene.

　　　　　　　　　　　　　　　　　　　　(Langacker 1982: 30–31)

ここで問題にされる "imagery" は、概念化される対象としての共通の事態（conceived situation）を言語主体が解釈する際のことなる見方（alternate ways）の集合を意味する。この認知言語学の言語観によれば、言葉の意味は、共通の事態に対する言語主体の視点の投影の認知プロセスの反映として規定される。上記の現象学の知覚の考察で問題とされる射映による知覚プロセスとの関連でみるならば、基本的に言葉の意味は、問題の共通の事態に対する主観的な解釈としての射映の諸相として一般的に規定されることになる。

　以上の現象学と認知言語学の世界観には、共通する方向性が認められる。それは、主体による世界の解釈（ないしは世界の意味づけ）には、根源的に「パースペクティヴ性」に基づく主観的な認知のプロセスが関わっている、という点である。この「パースペクティヴ性」の問題は、次節で考察するメルロ＝ポンティの心身二元論の世界観に対する批判にも密接に関係する。

4.　パースペクティヴ性とメルロ＝ポンティの身体論

　デカルトの心身二元論は、心と体それぞれが別々の実体であり、我々はこの二つの本質的にことなる実体を併せ持つ存在であるとする。しかしこの種の二元論は、二つのことなる実体がどのような相関関係にあるのかという本質的な問題を孕んでいる。

　メルロ＝ポンティは、この種の二元論に対し、ゲシュタルトの認知的視点に基づく世界観から反論する。ゲシュタルト的な世界観からみた場合、図／地の認知の地平においては、図が地を離れてはありえないように、心は身体を離れてはありえない。換言するならば、心と身体は、図と地の関係からなる統一体の相補的な側面を反

映するゲシュタルトとして把握される実体である。このゲシュタルト的な見地からみるならば、心は、身体という背景（ないしは地）から立ち現われ、身体という地の上に意味として現出する図としての実体ということになる。したがって、基本的に図が地を離れてはありえないように、心は身体を離れてはありえない。この見地から、メルロ＝ポンティは、デカルトの心身二元論を批判する[9]。

　前節では、現象学と認知言語学との関連で知覚の「パースペクティヴ性」を考察したが、メルロ＝ポンティは、さらにこの「パースペクティヴ性」の問題に注目し、客観的な実在論を前提にするこれまでの科学観を根源的に批判する。

　従来の科学観では、基本的に科学の分析の対象としての外部世界は客観的に存在し、これを観察する主体とは切り離されて存在することが前提とされる。またこの科学観は、観察の主体は、対象世界をその外部から客観的に、超越的に観察する、という前提に立っている。メルロ＝ポンティは、このような科学観の背後には、科学者があたかも外的傍観者として対象世界を鳥瞰していく「上空飛翔的思考」が存在すると主張する[10]。

　メルロ＝ポンティは、この上空飛翔的思考を知覚の「パースペクティヴ性」の観点から批判する。この観点からみるならば、われわれは、身体をもって世界のなかに埋め込まれた存在（i.e. 世界内的な存在）であり、この身体的な構えのパースペクティヴに基づいて、知覚される世界が立ち現れる。したがって、世界は、神のように超越的な視点から眺められるのではなく、常に世界内的な存在としての主体のパースペクティヴを介して立ち現れる。

　以上のメルロ＝ポンティのパースペクティヴ性の視点は、外的傍観者として世界に対峙する科学者の上空飛翔的思考に対する批判に

繋がっていく。換言するならば、メルロ＝ポンティのパースペクティヴ性に基づく世界観は、主観─客観（ないしは主体─客体）の区分を前提とする科学的思考を根源的に問い直し、われわれの原初的な経験の世界（i.e.「生活世界」）から、根源的に世界を新たに問い直していくことを意味する。我々は、常に自然なかたちでこの生活世界のうちに生きており、この世界との根源的な関わりを絶つことは不可能である。このメルロ＝ポンティの世界観は、初期のフッサールの現象学の基本的なスタンス（すなわち、自然的態度に基づく世界との関係を断ち切り、純粋意識を介しての世界の問い直しを試みる現象学的還元のスタンス）の根本的な批判にも通じる[11]。

このメルロ＝ポンティの世界観は、次節で考察する認知言語学の世界観と西田哲学の世界観にも通じる学問的な知見を内包している。

5. 認知言語学のパラダイムと西田哲学

認知言語学のパラダイムを特徴づける重要な点は、客観主義の世界観を根源的に問い直していく点にある。客観主義的な世界観は、デカルトの哲学に代表される西洋哲学を特徴づける世界観である。この世界観は、主観と客観の区分に基づき世界から主体を切り離し、主体が外部から世界を認識していく客観主義に根ざしている。換言するならば、この世界観は、認識する主体と認識される対象である世界とを先験的に区分する、主客二元論に基づく世界観を前提としている[12]。

認知言語学のパラダイムは、この種の客観主義的な世界観を根源的に問い直していくが、この客観的な世界観に対する根源的な問い

直しは、西田哲学における主客未分の純粋経験を背景とする世界観に通じる。西田は、主観と客観の対立する二元論的立場を批判し、世界は主客未分の経験から、主観と客観の対立を越えた視点に立つことにより捉えられる、という立場をとる。この主観と客観の対立を越えた経験が、西田の言う「純粋経験」である[13]。

　西田は『善の研究』（西田（1921））の冒頭で、純粋経験を次のように定義している。

　　經驗するといふのは事實其儘に知るの意である。全く自己の細工を棄てゝ、事實に從うて知るのである。純粋といふのは、普通に經驗といって居る者も其實は何等かの思想を交へて居るから、毫も思慮分別を加へない眞に經驗其儘の状態をいふのである。例へば色を見、音を聞く利那、未だ之が外物の作用であるとか、我が之を感じて居るとかいふやうな考のないのみならず、此色、此音は何であるといふ判斷すら加はらない前をいふのである。それで純粋經驗は直接經驗と同一である。自己の意識狀態を直下に經驗した時、未だ主もなく客もない、知識と其對象とが全く合一して居る。これが經驗の最醇なる者である。

　　　　　　　　　　　　　　　　　　　　　　　　（西田 1921: 1–2）

　この純粋経験の世界とは、主観と客観が未だ分離していない世界である。私という主体の意識すら存在しない、主観と客観の区別のない意識状態と言える。ここには、未だ主体としての自己は存在していない。主体としての自己は、純粋経験の世界から派生してくる存在にすぎない。換言するならば、主体は、純粋経験から反省によって立ち現れてくる存在として位置づけられる。

この西田の純粋経験に基づく世界観は、デカルト的な主客の区分を前提とする世界観を根源的に問い直していく認知言語学の世界観と通じる。またこの世界観は、以下のハイゼンベルグに代表される量子力学が到達した世界観に通じる。

　　量子論においては、とりわけ物理的事象の客観的記述という問いが問題なのである。それ以前の物理学においては、測定とは独立な客観的な事態の確立への通路であった。こうした客観的な事態は数学的に記述せられ、こうすることによってそれの因果関連が厳密に確立されるわけである。量子論においては、なるほど測定そのものはやはり以前の物理学と同様に、客観的な事態ではある。しかし測定から測定される原子的事象の客観的な経過を結論することは問題となる。なぜなら、測定は事象に干渉し、事象そのものから完全には切り離されないからである。　　　　　　　　　　　　　　　（ハイゼンベルク 1979：194）
　　デカルトの哲学において「思惟者」（精神）と「延長者」（物体）との間の対立は決定的な役目をはたした。… 量子論的物理学においてはこうした対立は以前とは幾分ちがって見える。その対立はそれほどにはきびしくないように思われるのである。…この対立は、古典物理学にくらべると、デカルト哲学における世界の幾分か余りにもきびしすぎるあの分裂からはっきり遠ざかることになる。　　　　　　　　　　　　　　（ibid.：195–196）

　量子力学が明らかにした現代の自然科学における世界観は、一方に観測者としてのわれわれから独立した自然現象、他方にこれを客観的に観測する主体の精神というデカルト的な主客二分の世界観と

は根本的にことなる。この新しい世界観は、自然の理解を試みる観察者としての主体は、自然から客観的に区分されるのではなく、厳密には観測する主体（さらに観測という行為自体）も自然現象の一部であることを意味する。

この量子力学の世界観は、われわれが客観的に認識可能と思っている世界が、もはや観察者としてのわれわれ（i.e. 認知主体）から切り離された世界として認識することは不可能であることを意味する。

6. 認知言語学と科学革命のメカニズム

認知言語学の世界観を特徴づける重要な視点は、日常生活においてわれわれが外部世界を解釈していく場合、その対象としての世界を客観的に理解するのではなく、常に何らかの主観的な視点から解釈していく、という点にある。一見したところ、自然現象の記述と説明に関わる科学者は、この種の主観的な視点とは独立した客観的な視点から外部世界を解釈しているようにみえる。しかし、自然現象を観察していく科学者の世界においても、厳密には、観察における主観性が関わっている。

この認知言語学の世界観は、前節の量子力学の世界観と軌を一にするが、この世界観は、科学哲学者の Hanson の指摘する「観察の理論負荷性」（theory-ladenness）の問題にも関係する（cf. Hanson (1958: 19)）。ここで問題とされる「観察の理論負荷性」とは、科学者は、自然現象を観察する際、理論という主観的な視点を通して世界を見ていることを意味する。換言するならば、科学的な観察は、理論を背景として解釈されて初めて意味を持つのであり、与え

られた「感覚与件」（sense data）は同一であっても、その意味は観察者としての科学者が前提としている理論によってことなることを意味する[14]。

Hansonは、このような科学における理論負荷性の一例として、天体の運行に関するケプラーとチコ・ブラーエの世界観（ないしは宇宙観）の違いを挙げている。

Let us consider Johannes Kepler: imagine him on a hill watching the dawn. With him is Tycho Brahe. Kepler regarded the sun as fixed: it was the earth that moved. But Tycho followed Ptolemy and Aristotle in this much at least: the earth was fixed and all other celestial bodies moved around it. (Hanson 1958: 5)

この引用から明らかなように、ケプラーとチコ・ブラーエの天体の運行に関する仮説（ないしはの仮説に基づく理論）の違いは、観測されている自然現象に関わるセンスデータに関し、太陽と地球のどちらが運動しているかに関する仮定の違いに起因する。ケプラーは太陽に対し地球が動いていると解している（すなわち、地動説を前提としている）のに対し、逆にチコ・ブラーエは、地球が静止しており、太陽を含む他の天体が動いている（すなわち、天動説を前提としている）。

このことなる理論（i.e. ことなる視点）による意味の変換のプロセスをは、心理学におけるゲシュタルト変換（gestalt switch）との関連で理解することができる。ゲシュタルト変換に関わる意味の変換の典型例としては、図4の多義図形が考えられる。

図4

この図は、ネッカーの立方体（necker cube）と呼ばれる図である。この図では、立方体を構成する二つの辺が視覚的に交わる際にどちらが前部か後部かが示されていないため、次のような二つの解釈が可能となる（図5）。

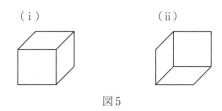

（ⅰ）　　　　　　　　（ⅱ）

図5

　上記のケプラーの地動説とチコ・ブラーエの天動説の仮説には、同じ対象世界のどの部分が固定しどの部分が移動しているか、に関する視点のゲシュタルト的な反転の認知プロセスが関わっている。この事実は、科学者の理論（ないしはその前提となる仮説）の構築のプロセスにも、ゲシュタルト変換の認知プロセスが関わっていることを示している[15]。

　このゲシュタルト変換の認知プロセスは、科学の世界のパラダイム変換において重要な役割をになう。Kuhn（1962）は、科学理論のパラダイム変換にも、この種のゲシュタルト変換が関わっている点を指摘している。

　Kuhn が問題とするパラダイムとは、一定の科学者集団の世界観

と自然観を支配する思考の枠組みを意味する（Kuhn 1962: 10）[16]。基本的に、自然科学は、ある特定の科学者集団が、一定のパラダイムが規定する科学観、世界観のもとに研究を続ける「通常科学」（normal science）の時期と、パラダイム変換によりこの種の研究に根本的な危機が訪れる「科学革命」（scientific revolution）の時期に区分される。この科学革命を可能とする世界観、自然観の変更のプロセスには、上述のゲシュタルト的な変換の認知プロセスが関わっている。この種の世界観、自然観の変更は、通常科学を規定していたパラダイムから、科学革命により登場した新しいパラダイムへの変換が成立したことを意味するが、この新旧のことなるパラダイムの間には、次のような意味での「共約不可能性」（incommensurability）が存在する（cf. Kuhn1996: 198–200）。すなわち、科学革命は、旧パラダイムから新パラダイムへの転換によってなされるが、新旧のパラダイムは世界観、自然観が根本的にことなるため相互に理解することが不可能（すなわち、共約不可能）ということになる。

　この点は、喩えるならば、上にみたゲシュタルト心理学におけるネッカーの立方体の多義図形の解釈の違いに通じる。ネッカーの立方体（図4）の解釈としては、図5の（i）と（ii）の解釈が可能であるが、図4に対しこの二つの解釈は両立不可能（i.e. 共約不可能）である。科学における新旧パラダイムの科学者集団の世界観、自然観の違い（i.e. 共約不可能性）も、基本的にはこの種のゲシュタルト変換に起因する。

　Kuhn の共約不可能性の問題を強く解釈するならば、外部世界の事実に関する解釈が、新旧のパラダイムの科学理論においてことなる以上、客観的な共通の事実（ないしはエヴィデンス）に基づいて、問題の競合する理論の優劣を比較することは厳密には不可能と

いうことになる。また、共約不可能性の問題は、より包括的で優れた理論が古い理論に取って代わるという、いわゆる「勝利者史観」（i.e. ホイッグ史観）を否定することになる。

またこの問題は、科学理論の検証性（verifiability/testability）ないしは反証性（falsifiability/refutability）の問題にも密接に関係する。これまでの科学哲学の分野では、科学理論の適否に関わる理論として、Carnap の検証理論と Popper の反証理論が代表的な理論として挙げられる（cf. Carnap (1936, 1937)、Popper (1963)）。この二つの理論は、「検証」と「反証」のどちらを判定の基準とするかに関しことなるが、いずれの理論も、問題の科学理論が研究の対象とする客観的な観察言語の存在を前提としている。しかし、上述の Kuhn の競合する科学理論の共約不可能性の問題からみた場合、比較する複数の理論に中立的な観察言語の存在は認められない以上、競合する理論の検証と反証を客観的に保証する基準は存在しないことになる。

クーンのパラダイム論を背景とする以上の科学観は、科学理論においては「何でもあり！」（"Anything goes!"）というファイアーベント流の認識的アナキズムを背景とする相対主義的な科学観に通じていく（cf. Feyerabend (1975)）。しかし、科学の歴史的な展開を厳密にみた場合、この種の相対主義的なパラダイム論を評価する場合には次の点に注意する必要がある。基本的にことなるパラダイムを前提とする理論のどちらが正しいかを一律に決定する基準が存在しないということは、必ずしも科学における理論選択が無根拠に行われていることを意味する訳ではない。過去の科学の歴史においては、天動説と地動説をめぐる科学論争が存在するが、天体の運行に関する経験事実により地動説の正当性が検証されている。また

ニュートン力学の古典理論は、相対性理論と量子力学を背景とする新たな物理学の理論により、より包括的で経験的に妥当な科学理論へと展開している。

7. 理論言語学のパラダイム変換と言語理論の包括性

　包括的で、経験的により妥当性のある科学理論への展開は、物理学や天文学のような自然科学の分野だけでなく、言語学の分野においても重要な意味をもっている。歴史的にみた場合、言語学の分野の理論の展開を歴史的に振りかえった場合、構造言語学の批判を通しての生成文法の出現、さらに生成文法の批判を通しての認知言語学の出現が、理論言語学の新たな理論の展開として認められる。

　この展開のうち、前者の二つのパラダイムに関しては、一般に構造言語学のパラダイムが生成文法のパラダイムにより乗り越えられた、という主張がなされる。特に生成文法の研究者は、構造言語学から生成文法へのパラダイム変換が、言語学における科学革命であると主張する。しかし、科学哲学的な観点からみて、この種の主張はきわめて一面的な主張である点に注意する必要がある。

　科学における経験事実の記述と分析の包括性の観点からみた場合、構造言語学にくらべ生成文法の研究が、言語事実に関し、より包括的な記述と分析を可能にしている訳ではない。確かに、文レベルまでの統語研究（ないしは文法研究）に関しては、構造言語学は、音韻・形態論のレベルを越えるより包括的な文-文法までの研究に至らない時点で、その研究活動が制度的に止まったと言える。

　しかし一方において、構造言語学の時代には、その研究対象は、英語を中心とする欧米言語だけでなく、北米の先住民族の言語や南

米、アジア、第3世界、等の未知の言語のフィールドワークの研究が積極的に進められている。皮肉にも、この種の多様な言語のフィールドワークの研究は、生成文法の研究では積極的になされていない。生成文法の研究は、むしろ欧米語を中心とする文法の形式的な側面の研究が中心となり、世界の多様な言語のフィールドワークに基づく地道な研究は影をひそめる結果になっている。また、生成文法の研究は、文 - 文法を中心とする形式統語論の研究が主眼となっており、言葉の意的な側面や語用論的な側面の研究は本格的にはなされていない。この点で、生成文法のパラダイムが、構造言語学のパラダイムにくらべ、より包括的な言語事実の分析を可能とするパラダイムに転換したとは言えない。また、構造言語学の研究でも、方法論的に言葉の形式的な側面の研究が中心となり、言葉の意味の研究は本格的にはなされていない。この点で、この二つの言語学の研究プログラムには、意味論と語用論の観点からみて限界が認められる[17]。

これに対し、認知言語学は、音韻・形態レベル、文レベル、談話・テクストレベルにわたる言葉の形式的な側面だけでなく、意味的側面、語用論的な側面、修辞的な側面も研究されてきている。この点で、認知言語学は、科学における分析対象の包括性の観点からみて、経験的により妥当な研究プログラムとして機能していると言える。

ただし、各言誤理論の研究の包括性を問題にする場合には、当該の言語理論が、言語学プロパーの研究だけでなく、言語学の関連分野の研究との関連でどのような研究に眼を向けているか、という観点からの検討も必要となる。この点からみた場合、生成文法は、構造言語学にくらべ、言語学プロパーの研究（とくに音韻・形態、文

法を中心とする言語学プロパーの研究）だけでなく、言語獲得の研究や生物言語学、進化言語学などの関連分野の研究にも言語学者の興味を向けて、生成文法のパラダイムの学際性を喧伝する試みがなされている。構造言語学の時代には、このような関連分野の研究への学際性は喧伝されていない。この点からみた場合、構造言語学のパラダイムよりも生成文法のパラダイムの方が、関連分野への問題意識に関しより包括的な研究を目指していると言える。

　ただし、生成文法は現在の研究においても、統語論の形式文法の研究（特に、ミニマリスト・プログラムに基づく統語論の研究）が中心となっており、意味論、語用論、等に関わる現象をも考慮した文法研究とこれに基づく言語獲得、生物言語学、等の研究は本格的にはなされていない。例えば、ミニマリスト・プログラムの文法プロパーの研究をみた場合、統語的な基本操作として仮定される併合（merge）を中核とする統語論の研究が中心となり、文法に関わる意味的要因や語用論的な要因に関する研究は等閑視されている。

　この種の形式統語論を中心とする研究の限界は、文法プロパーの研究だけでなく、生成文法のパラダイムにおける言語獲得、進化言語学、等の研究の限界にも関係する。例えば、言語獲得や言語進化の過程には、言葉の形式的な要因だけでなく、意味的な要因、文脈、場面、等に関わる語用論的な要因が密接に関わっている。しかし、生成文法の研究は、主に併合の統語操作に関わる文法の形式的な側面の考察に限定されているため、意味論、語用論に関わる言語獲得や言語進化の本格的な研究はなされていない。確かに、ミニマリスト・プログラムの文法研究の枠組み自体には、統語部門とのインターフェイスを介して感覚・運用システムと概念・意図システムが設定されているが、実際の生成文法における言語獲得や言語進化

の研究は、併合の統語操作を前提とする文法の獲得と進化に関する思弁的な研究に限定されている。したがって、生成文法の研究では、言葉の個体発生と系統発生のプロセスに関わる意味的要因や語用論的要因までを考慮した言語獲得と言語進化の包括的な研究はなされていない[18]。

　これ対し認知言語学は、文法研究だけでなく、言語獲得、言語進化、等の関連領域に関し、より包括的な研究方略をとっている。認知言語学を特徴づける重要なアプローチとしては、構文文法（construction grammar）と用法基盤モデル（usage-based model）のアプローチが挙げられる。構文文法と用法基盤モデルの言語観では、（生成文法のように統語論を意味論、語用論から独立した自律的な部門とみなすのではなく）文法を、形式的側面の極と意味・運用的な側面の極の構成体（construction）からなる記号系として規定している。したがって、認知言語学の場合には、文法プロパーの研究だけでなく、言語獲得や言語進化の研究に際しても、言葉の形式的な側面だけでなく、その意味的側面や語用論的側面の研究も含めたより包括的な研究が可能になる。

　例えば、文法プロパーの研究においても、生成文法のように統語論を意味論、語用論から自律的なモジュールの部門として先験的に区分して研究するのではなく、文法という記号系を、形式的な音韻極と意味極のダイナミックな相互関係から成る構成体として規定していく。（この場合の音韻極は、話し言葉の音韻的側面だけでなく、書き言葉や身振り言語の形式的側面も含む。また、意味極には、狭義の意味的な側面だけでなく、文脈、場面、等に関わる運用的な側面も含まれる。）認知言語学が、文法プロパーの研究だけでなく、言語獲得や言語進化の研究を試みていく場合にも、この言語

観を背景とした研究が進められることになる。換言するならば、認知言語学の言語観では、言葉の獲得過程は、文法の形式的で自律的な記号系の習得が中心になるのではなく、上述の意味での音韻極と意味極のダイナミックな相互関係からなる記号系の習得の過程として究明されることになる。また、言語進化の過程も、この種の記号系の系統発生の文脈におけるダイナミックな発現の過程として研究が進められることになる。

8. 環境世界とアフォーダンスの視点

　長い進化の歴史のなかで発達してきた言語は、人間が「具体的な環境の中に身をおき、環境との相互作用による身体的な経験を動機づけとして獲得した伝達手段である（山梨（2000: 2)）。認知言語学は経験基盤主義に基づき、環境に埋め込まれている人間と環境との相互作用に注目し、この相互作用の観点から、言語現象の記述と説明を試みている。この認知言語学の言語観は、人間を環境の一部とみなし、人間の知覚を環境との相互作用の観点で捉える生態心理学のアフォーダンス理論の考え方にも関係する（cf. Gibson（1979)）。

　アフォーダンス理論で注目すべき点は、環境世界における主体としての人間の行動を体験の場（i.e. 生きられた環境としての「生活世界」）に定位し、行動と生活世界の意味連関を問い直す点にある。このアプローチでは、環境世界には主体の行動を可能とする様々な情報（i.e. アフォーダンス）が潜在的に埋め込まれており、知覚はこの環境に埋め込まれた情報を探索する行為であるとされる。換言するならば、「知覚」は、決して外界からの刺激を単に受

け入れるという受動的な営みではなく、主体の身体運動を介しての環境への能動的な働きかけとして規定される。

　人間の行動を環境としての生活世界に定位し、行動と生活世界の意味連関を問い直していくアフォーダンス理論は、主体の身体と環境との相互作用に基づく認知言語学の経験基盤主義の科学観との親和性が認められる[19]。

　アフォーダンスの概念に基づく生態心理学の知見は、言語現象の記述と説明にも適用されている。例えば、認知言語学において、アフォーダンス的な視点に基づく文法構文の研究が成果をあげている。特に、主体移動表現、中間構文、Tough 構文などの分析に生態心理学の知見が適用され、この種の研究の有効性が示されている（cf. 本多（1997））。

　以上のアフォーダンスに基づく生態心理学の視点は、環境と（環境に埋め込まれた主体としての）自己との関係に関しても、新たな視点を提供する。素朴実在論を背景とする科学観では、主体としての自己は環境から独立しており、世界を客観的に知覚していく存在として位置づけられる。これに対し、アフォーダンス理論の観点では、主体としての自己は環境から切り離されて存在するのではなく、両者は主体の知覚行為を介して複合的に「共在」する存在として位置づけられる。この観点からみるならば、環境の認識と自己の認識は独立した認知作用ではなく、相互依存的な認知作用として位置づけられる。したがって、環境を知ることは同時に自己を知ることであるとともに、自己を知ることは同時に環境を知ることになる。（換言するならば、環境に関する外部の知覚情報と主体としての自己に関する知覚情報は、相互に切り離せないかたちで「共在」していることになる。）アフォーダンス理論では、この意味での自

己は、「生態的自己」（ecological self）として規定される。この意味での自己観は、素朴実在論が前提とする主体と客体の区分に基づく世界観の根源的な問い直しを可能とする。また、（この種の素朴実在論の世界観を批判する）認知言語学の身体論的な視点に基づく主体の位置づけに関しても重要な示唆を与える。

　ただし、生態心理学のアフォーダンスに関わる情報の位置づけに関しては、認知言語学の科学観は、生態心理学の科学観と厳密にはことなる。基本的に、生態心理学で提起する「アフォーダンス」は、環境に存在する属性であって、知覚主体としての主体に関わる情報ではない（アフォーダンスは、「観察者との関係において物が持つ属性であって、観察者の経験の属性ではない。… アフォーダンスは変わらないものであって、いつもそこに知覚されるべきものとして存在する」（Gibson1979: 137））。この点からみた場合、生態心理学の理論は、Lakoff（1987）が指摘するように、（素朴実在論の世界観を問い直す視点を持ちつつも）アフォーダンスの属性の位置づけに関しては、厳密には客観主義的なスタンスに基づく科学観の域を出ていない（Lakoff（ibid.: 215–216））。

9. 「環世界（Umwelt)」と生物の知覚世界

　認知言語学を含む近年の認知科学の関連領域（特に、生物と環境との身体論的な相互作用に注目する認知科学の関連領域）の研究で重要な点は、人間を含む生物の知覚世界を、個々の生物と環境世界の相互作用との関連で相対的に規定していく点にある。近年の認知科学の研究の主流をなすこの探求の方向は、従来の古典的客観主義を前提とする科学観の限界を明らかにする。後者の世界観は、人間

も他の生物も、同一の物理的空間に存在し、基本的に同じ環境のなかで棲息していることを前提としている[20]。しかし、人間を含む各種の生物が、その棲息地としての世界をどのように知覚し、どのように意味づけして生きているかという視点でみた場合、生物が生きている世界は厳密にはことなる。この点は、個々の生物種に与えられた身体の構造、補食の対象となるターゲット、個々の生物の成員間の関係、等の違いから明らかである。例えば、各生物の知覚、運動、等に関わる身体の構造は、厳密にはことなる。知覚に関わる身体部位の器官一つを考えてみても、その器官が身体のどの位置にあるか、その器官の形態、サイズ、機能の違い、等によって、棲息環境としての世界の知覚のモードは、厳密にはことなる。

ユクスキュルは、このように生物がそれぞれの感覚や身体を通して生きている世界を、『生物から見た世界』という著書において、「環世界」(Umwelt)」と名づけている（cf. ユクスキュル＆クリサート（1995））。彼は、生物が生きる環世界の具体例として、マダニの「環世界」をあげている。マダニには、視覚や聴覚に関わる器官は備わっていないが、嗅覚、触覚、温度感覚がすぐれている。（この生き物にとっての世界は、見えるものでも聞こえるものでもなく、温度と匂いと触覚でできている。）マダニは、木の上から下を通りかかる哺乳類が出す匂いを感じて木から落ちる。運よく獲物の上に落ちることができたら血を吸うことができるが、たまたま獲物が木の下を通りかかるまでひたすら待ち続けなければならない。ユクスキュルの「環世界」で重要な点は、マダニ独自の有する感覚器によって知覚される世界と身体を使って世界に働きかける世界が連携することで、他の生物とはことなるマダニ独自の「環世界」が作られている点である。マダニの場合には、哺乳類の発する酪酸の

匂いを感じることは、木から落ちるという行動と連動している[21]。

　この観点からみるならば、生物の一種である人間も、独自の感覚器と身体を介して知覚される「環世界」のなかで生きており、この独自の知覚経験によって世界を解釈し、意味づけしていることになる。この観点に立つならば、身体化された知覚経験の反映としての人間の言語の形式と意味の諸相も、人間固有の環世界に対する認知プロセスの反映として規定されることになる[22]。

10. 共通感覚と身体性からみた学問研究

　哲学的な観点からみた場合、認知言語学は、思考や推論・判断を可能とする人間の知性（ないしは理性）の能力や言葉の発現に関わる認知能力は、根源的には、共通感覚に基づく身体的、感性的な経験に根ざしている、という視点に立脚している。この点で、認知言語学の学問観は、身体論的アプローチの哲学的な視点に基づく学問観を背景としている。哲学の歴史を振りかえった場合、認知言語学のこの身体論的視点は、デカルトの理性主義の哲学（ないしは合理主義の哲学）の批判者であるヴィーコの哲学で主張された学問観にその原点が認められる。

　ヴィーコは、近代ヨーロッパ諸学を支配してきたデカルトの「クリティカ」の理知的方法に基づく学問観を批判し、人間の創造力の根源としての共通感覚の場である「トピカ」に基づく学問観を提唱する。デカルト的な「クリティカ」に基づく学問観においては、知識は確実で明証的な真理の対象であり、共通感覚の身体的な経験に関わる知識は排除される。これに対し、ヴィーコは、共通感覚の場としての「トピカ」を、人間の創造的な真理の探求ための〈論拠の

場〉として重視する。

デカルトのクリティカは、批判的な判断能力によって特徴づけられ、厳密には数学や論理学の方法を意味する。このクリティカに対し、ヴィーコはトピカを対置する。トピカは、語源的には場所を意味する修辞学の用語であり、物ごとの論点や論拠のありかを発見する技法を意味する。一般的に、われわれの思考、判断においては、まず論点としてのトピックが提示され、その後に論証がなされる。換言するならば、論点の発見が真理の判断に先行する。したがって、トピカは、根源的にクリティカに先行する。さらに言えば、批判的、分析的なクリティカとしての知性（ないしは理性）の能力も、身体的な経験に根ざす共通感覚の能力（すなわちトピカの能力）によって根源的に問い直されることになる。

さらにヴィーコは、トピカを根源的に支える共通感覚は、人間の思考、判断に関わる学問の背景的な基盤となるだけでなく、人間の想像力に関わる修辞学や詩学をはじめとする、伝統的な人文科学の研究の指針としても重要な意義を担うとしている（cf.「共通感覚は、あらゆる賢慮の規準であるように、雄弁の規準でもある。… 想像力、記憶力、あるいは両者が関係する諸学芸、たとえば、絵画術、詩作術、弁論術、法学のようなものへの才能は何ら虚弱にされるべきではないし、… クリティカがそのいずれにとっても障害であってはならない。」（ヴィーコ（1709［＝ 1987］: 27–28））。

以上のヴィーコの学問観は、人間の知のメカニズムの解明を目指す認知科学の今後の研究に関しても重要な指針を示すと言える。認知科学は、その初期の段階においては、人間の心のプロセスを、理性的な記号計算（ないしは記号操作）のプロセスに基づいて規定しようと試みている。しかしこの初期の認知科学の研究では、共通感

覚や感性に関わる知のメカニズムの創造的な側面は等閑視され、知の理性的な側面の分析を越える研究には至っていない。

これに対し、近年の認知科学の研究は、身体化された経験に関わる脳科学の研究、ニューラルネットワークの研究、生態学的研究、等にみられるように、知の理性的な側面だけでなく、共感覚や感性に関わる知の創造的な側面の研究が、(認知言語学の研究も含めて)学際的なレベルで試みられている。現在の認知科学の探求の方向は、本節で考察したヴィーコの学問観と軌を一にする。共通感覚、レトリック、等の知の創造的な側面を重視するヴィーコの学問と思想は、言語学を含む新たな知の探求の場である認知科学の今後の探求の方向性に関しても重要な示唆を与えると言える[23]。

11. 認知言語学と現象学の科学批判

認知言語学の特徴は、この言語学の命名からも明らかなように、認知的アプローチの方略をとる点にある。この方略の基本的な特徴は、言語現象を、人間と環境との相互作用に根ざす言語主体の認知プロセスに基づいて体系的に説明していく点にある。この認知的アプローチの方略の基本的な狙いは、言語現象の分析への適用にある。しかし、科学哲学的な観点からみた場合、この認知的アプローチの方略は、自然科学、人文科学を含む学問一般の思考法に関する批判的な考察に適用する可能性を秘めている。

自然科学であれ人文科学であれ、これまでの個々の学問の研究は、何らかの方法論に基づいて為されているが、その方法論を特徴づける思考法は暗黙の前提となり、その思考法をメタ認知的に批判する試みはなされていない。研究の進行中に、その学問の思考法を

批判することは研究の停止を意味する以上、一般的にはどのような研究も、その背景となる思考法を暗黙の前提として研究を進めるのが現実である。

ただし過去において、学問一般の思考法に関する批判的な考察が皆無であった訳ではない。この種の批判的な考察は、フッサールの後期の現象学において試みられている。諸学に関するする現象学的観点からの批判的な問い直しは、特にフッサールの最晩年の研究（フッサール（1974））において試みられている。本節では、このフッサールの諸学問の批判的考察にみられる知見が、上述の認知言語学に基づく学問一般に関する批判的なメタ分析に継承される可能性をみていく。

歴史的にみた場合、前世紀の後半から今世紀の初頭にかけて、非ユークリッド幾何学の展開、集合論におけるパラドックスの発見、相対性理論や量子力学の展開により、旧来の科学の世界観を問い直す試みがなされている。その代表的な考察は、フッサールにみられる。フッサールは、科学に関わる学問の根本的な問い直しの必要性を、近代科学の創始者であるガリレイの自然観にみている。

ガリレイの自然観の本質は、自然の数学化にある。ガリレイは、自然の数学化によって、物理学に代表される近代科学の世界観を構築したのであるが、この世界観は、次のフッサール（1974）の引用からも明らかなように、自然を数学によって理念化し、対象世界を数学的な法則により演繹的に規定することを前提としている。

　　ガリレイによってはじめて、それ自体において実在的に完結した物体界としての自然という理念が現われてくる、ということができるであろう。これが、あまりに早く自明化した数学化と

一体になって、いっさいの出来事を一義的に、また前もって決
　　定しているそれ自体完結した自然因果性という考え方を、その
　　帰結として生み出すことになる。　　　　　　　　　(ibid.: 85)

　さらに、以上のガリレイに代表されるの世界観の背後には、対象世
界に関する客観的な真理を探求する世界は、日常生活のなかで生き
るわれわれの生活世界からは独立した純粋に客観的な世界である、
という前提が存在する[24]。
　これに対しフッサールは、われわれが客体的であると信じている
世界は、科学者による理念化の認識作用の結果であるに過ぎない、
と主張する。換言するならば、科学者が客観的と解する世界も、厳
密には、われわれの生活世界の上に構築された主観的な認識世界の
一形態に過ぎない、ということになる[25]。
　ガリレイ以降の科学の客観的世界観に対するフッサールの批判で
重要な役割をになうのは、彼の後期の現象学の哲学観の中核をなす
「生活世界」(Lebenswelt) の概念である。フッサールが意味する
生活世界とは、われわれの日常生活における生きた経験世界であ
り、あらゆる意味が形成される根源的な基盤として（科学的な世界
理解にも先行する）、既に自明のものとして与えられている世界を
意味する[26]。
　フッサールは、純粋に自然的な世界生活から出発して、世界があ
らかじめ与えられるそのあり方を問う方法を提起する。この方法を
実践するには、これまでの客観的な科学の暗黙の前提に対する判断
中止（エポケー）が必要となる。判断中止は、現象学における重要
な操作であるが、フッサールは、学問の世界における思考の妥当性
を根源的に検討するためには、客観的世界観を前提とする科学に対

する判断中止の操作が必要となると主張する。これは単に客観的科学を捨て去って顧みないという意味ではない。また科学に関わる学問が、すべて虚構であると言っているのでもない。

　生活世界に基づくこの種の学問の根源的な問い直しは、次の点で、科学が前提とする客観的世界観も、広義の生活世界を特徴づける経験的な世界の一形態として見直されることを意味する。一般に、自然科学の領域で提出される理論や仮説は、研究に携わる科学者という人間の世界観を特徴づける理念化（ないしは概念化）の反映である。この意味で、科学における理論や仮説に基づいて構築される世界も、科学者の研究の営みに関わる生活世界の一種として位置づけられる。科学に関するこのような根源的な問い直しは、以下のメルロ＝ポンティの思想に継承されている。

　　科学とはこの世界経験の二次的な表現でしかないのである。科学は知覚された世界と同一の存在意義をもってはいないし、また今後もけっしてもつことはないであろう。その理由は簡単であって、科学は知覚された世界についての一つの規定または説明でしかないからだ。　　　　　　　　（メルロ＝ポンティ1967：4）

　以上の考察から、ガリレイに代表される近代以降の客観主義的な科学観に根ざす学問の本質的な限界が明らかになる。客観的真理を追究するという目標を掲げる科学の世界観は、広義の生活世界を構成する世界観の一つに過ぎないにも拘らず、あたかも学問的な真理の探求を代表する唯一の世界観であるという通念を確立してきている。この点にとどまらず、ガリレイ的な近代以降の自然観は、科学的な学問こそが、世界を主観的に解釈する他の学問に比して真理の

探求を保証する客観的な学問である、という通念を生み出している。しかし上述のように、科学が前提とする世界観も、広義の生活世界を特徴づける経験的な世界の一形態である以上、近代以降の自然科学が確立してきた学問観の本質的な限界が明らかになる。

ここまでに考察してきた、フッサールの諸学問に対する批判的検討（特に、広義の生活世界の視点からの諸学問の批判的考察）は、認知言語学の学問的な視点によって継承していくことが可能である。

本節のはじめに指摘したように、認知的アプローチの基本的特徴は、言語現象を、人間と環境との相互作用に根ざす言語主体の認知プロセスに基づいて体系的に説明していく点にある。この認知的アプローチの方略の基本的な狙いは、言語現象の分析への適用にある。しかし、科学哲学的な観点からみた場合、この認知的アプローチの方略は、自然科学、人文科学を含む学問一般の思考法に関する批判的な分析に適用する可能性を秘めている。

言語現象は、人間と環境との相互作用に根ざす言語主体の認知プロセスの反映である。認知言語学は、この点を考慮し、言語現象に関わる形式と意味の諸相（さらに語用論的な言語運用に関わる諸相）を、言語主体の認知プロセスの観点から分析していく。しかし、言語現象だけが認知プロセスの反映ではない。学問という特殊な世界において提出される理論、仮説、方法論、等も、研究に携わる人間の概念化の反映である。また、この種の概念化は、個々の研究者の自然観や世界観を特徴づける認知プロセスに関わっている。したがって、この点を考慮するならば、言語学、心理学、社会学、生物学、物理学、等の学問において提出される理論、仮説、等の思考法を支配する概念化のプロセスも、認知言語学の観点から「メタ

認知的」に分析していくことが可能となる。換言するならば、これまでの認知言語学のアプローチに、さらに「メタ認知的」な分析の視点を新たに導入することにより、個々の学問の思考のメカニズム（i.e. 個々の学問のパラダイム）を批判的に分析していくことが可能となる。

注

1　この Lakoff and Johnson（1999）の見解は、基本的に次のようにまとめられる。

    A.　身体化された心（Embodied Mind）：
       ［心は身体化されている］

    B.　認知的無意識（Cognitive Unconscious）：
       ［思考の大部分は無意識的である］

    C.　概念メタファー（Conceptual Metaphor）：
       ［抽象的概念の大部分はメタファーに根ざしている］

（Lakoff and Johnson 1999: 3）

2　時枝の言語過程説では、「場面」は、次のように特徴づけられる。

「場所の概念が筆に空間的位置的なものであるのに對して、場面は場所を充す處の内容をも含めるものである。この様にして、又場面は場所を満たす事物情景と相通ずるものであるが、場面は、同時に、これら事物情景に志向する主體の態度、氣分、感情をも含むものである。」

（時枝 1941: 43）

「場面が言語的表現を制約すると同時に、言語的表現も亦場面を制約して、その間に切離すことの出來ない關係があるからである。…場面と表現との關係は、これを譬へていふならば、軌道と車輛との關係に等しい。軌道は車輛の運行を規定し拘束するものであるが、同時に又車輛の構造性能によって軌道自身も制約されるのであるが、両々相俟って車輛の運行が完成されるのである。」

3 　図2のBは、対象世界（CD）に対する主体Aの「志向作用」を表している。この「志向性」は、フッサールの現象学における志向性の概念に通じる。

4 　鈴木朖の以上の詞／辞の区分は、さらに本居宣長の『詞の玉緒』（本居1785）における「テニヲハ」論の研究に遡る。この研究において宣長は、詞は玉であり辞はこれを貫く緒であるとしている。換言するならば、この区分は、体言・用言などの客体表現を玉に、テニヲハはそれらを主体的に継ぎ合せてまとまった統一を与える糸の役割を果す、という譬えからきている。

5 　以上のように、時枝と三浦の客体的表現と主体的表現の区分は、主観性と概念化に関し相違が認められるが、両者の区分は、カテゴリカルな二分法の区分に基づいている。これに対し吉本（1965）は、日本語の言語表現を構成する名詞、動詞、形容詞、等の品詞の表現機能を、言語主体の主観性を特徴づける「自己表出性」と表現対象の客観性を特徴づける「指示表出性」の観点から分析し、日本語の品詞の主観性と客観性を、以下の図のように相対的に規定している。

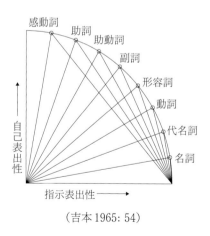

（吉本 1965: 54）

この図の左側の縦に向かって延びる矢印は、問題の品詞の主観性の強度（i.e.「自己表出性」の強度）の方向を示している。また、図の下の右方向に延びる矢印は、問題の品詞の客観性の強度（i.e.「指示表出性」の強度）の方向を示している。

　吉本のこの規定は、従来の日本語の詞／辞の区分（ないしは客体的表現／主体的表現）の二分法の区分を相対化している点が注目される。吉本の日本語の相対的な位置づけは、次の言明から明らかである。

　「言語における辞・詞の区別といい、客体的表現といい、主体的表現というものが、二分概念としてあるというよりも傾向性やアクセントとしてあるとかんがえることができるし、また、文法論の類別はけっして本質的なものではなく、便覧または習慣的な約定以上のものも意味しないことが理解される。品詞の区別もまったく同様で、品詞概念の区別自体が本質的には不明瞭な境界をもたないものだとみるべきである。」　　　　　　　　　　　　　　　　　　（吉本 1965: 54–55）

　日常言語の表現性に関するこの種の相対的な位置づけは、生成意味論の枠組みにおける Ross（1972a, 1973, 1974a/b）［巻末の〈参考文献（生成意味論）〉を参照］の文法カテゴリーのスクイッシュ（squish）の分析や認知言語学の枠組みにおける Langacker（1990, 2008a, 2009）のグレイディエンス（gradience）の分析の規定と軌を一にする。

6　現象学における「志向性」の概念は、ある対象に向かう性質を本質とする意識の働きである、とするフランツ・ブレンターノの考え方が基本になっている。

7　換言するならば、いかなる対象も直接的に知覚することは不可能である。その対象を知覚する視点（ないしは、パースペクティヴ）が変われば見え方はことなる。にも拘らず、認知主体は、この種の多様な見え（i.e. 現出、射映）を総合して問題の対象を同一物であると判断している。

8　ここでは、以上に考察した射映を、〈デフォールト的射映〉と〈非-デフォールト的射映〉として区別する。図3の場合、中央の椅子の図は、前者のデフォールト的射映として位置づけられる。これに対し、後者の非-デ

フォールト的射映は、A〜D の図のタイプの射映として位置づけられる。

9 主体自身がそれを生き、それを経験している身体を、メルロ＝ポンティは「現象学的な身体」（生きた身体）と呼んでいる。

10 この上空飛翔的思考の背後には、次のような前提が存在する。すなわち、科学者は、神のようにパースペクティヴ性を脱却した普遍的な視点（ないしは超越的な視点）から世界を見ている、という前提である。またこの超越的な視点は、科学の客観的実在論が内包する「外的傍観者」の視点でもあると言える。

11 現象学的還元のスタンスに対するメルロ＝ポンティの批判は、次の言明に認められる。

> 「還元の最も偉大な教訓とは、完全な還元は不可能だということである。」 （メルロ＝ポンティ 1967: 13）
> 「もしもかりにわれわれが絶対精神だったならば、還元は何の問題も含まないものであろう。ところが逆に、われわれは世界の内に存在しているのであるから、また、われわれの反省さえもが、自分の捉えようとしている時間的流れのなかにみずから身を漬けているのであるから … われわれの一切の思惟を包摂するような思惟なぞは存在しないわけである。」 （メルロ＝ポンティ 1967: 13）

12 この区分は、次の言明に示されている。

> 「事物の認識について考察すべきことはただ二つある。すなわち認識するわれわれと、認識されるべき物自身と。」（デカルト 1974: 71）

デカルトは、さらに以下の引用に示されるように、認識するわれわれ自身の思惟を、認識される物から先験的に区分する心身二元論を前提として、主客二元論の哲学を確立している。

> 「我々は … 我々自らが手も足も、そしてついには全く身体をも有たないと、想定することは容易であろう。しかしその故に、かようなことを思惟する我々が、無であるとは想定することはできない。というのは思惟するものが、思惟しているその時に存在しないことは不合理だからである。それ故に、「我思惟す故に我あり」 …とい

うこの認識は、一切の認識のうち、誰でも順序正しく哲学する人が出会う最初の最も確実なものなのである。　　　（デカルト 1964: 38）

「心と物体、即ち思惟するものと物体的なものとの区別が、ここから認識される。… 延長・形・場所的運動その他、物体に帰せられるはずのこの種のものは、我々の本性には属さないで、ただ思惟だけが属することが、はっきりわかるのであって、従って、思惟はいかなる物体的なものにも先んじて、かつ確実に認識されるわけである。」　　　　　　　　　　　　　　　　　　　　　　　　　　（ibid.: 39）

以上の言明から、デカルトの世界観は、先験的に思惟する主体が身体から独立して存在することを前提としている点で主観的独我論であり、この孤独な「我」という主体の精神は、先験的に脱身体化（disembodied）されている。さらに言えば、このデカルトの世界観においては、心は環境や身体との相互作用を介して機能する存在ではなく、脱身体化された「我」の思惟として浮遊する存在ということになる。

西洋の近代哲学を代表するこのデカルトの世界観に対し、ヴィーコ（1709）は次のように反論する：「思考しているわたしは知性であるとともに物体でもある …。物体と知性とから成っているからこそわたしは存在する」（ibid.: 52）。ここでヴィーコが問題とする思考ないしは知性は、広義の思惟する心を、また物体は身体を意味する。そして、このヴィーコの世界観では、思惟する「わたし」は、心と身体の統一体としての存在として位置づけられる。

身体論的な観点からみたデカルトの心身二元論に対する批判は、以下のメルロ＝ポンティ（1967）の言明にもみられる。

「精神物理的事象は、デカルト的生理学のようなやり方で、即自的過程とコギタチオとの接合としてはもはや考えられない、ということ。精神と身体との連合は、一方は主観、他方は客観という二つの外的諸項のあいだで、或る窓意的な政令によって調印されるものではない。それは実存の運動のなかで絶えず完遂されるものである。」

（メルロ＝ポンティ 1967: 158）

13 西田のこの主客の対立を越える世界観は、次の言明に示されている。

「主観客観の對立から出立する人は、直覺といへば、客觀的なるものが主觀に輿へられること、物が我に輿へられることと考へる。併し直覺といふことは主客同一といふことでなければならない。心理學者の知覺といふものから藝術家の直觀といふものに至るまで皆然らざるはない。物理現象といへども主觀を離れたものでなく、藝術的作品といへども單なる想像ではない。… 主觀が客觀を限定し、客觀が主觀を限定する所に、直覺があるのである。」

(西田 1965: 121)

14 Hanson の指摘する「観察の理論負荷性」の概念は、以下の意味で理解される。

"There is a sense, then, in which seeing is a 'theory-laden' undertaking. Observation of x is shaped by prior knowledge of x. Another influence on observations rests in the language or notation used to express what we know, and without which there would be little we could recognize as knowledge." (Hanson 1958: 19)

15 多義図形の典型例としては、さらに以下の図形が挙げられる。

(i) シュレーダーの階段　　(ii) マッハの本

(i) の図は、左上から右下へ続く階段の図として、あるいは階段が逆さまになった図として知覚される。また、(ii) の図の場合には、中央の縦の線が凸と凹のいずれにも知覚される。

16 クーンは、この「パラダイム」の概念を次のように定義している。

「パラダイムとは、一般に認められた科学的業績で、一時期の間、

専門家に対して問い方や答え方のモデルを与えるもの」

(クーン 1971: v)

「パラダイムは、ある集団の成員によって共通して持たれる信念、
価値、テクニックなどの全体的構成を示す。」 (ibid.: 198)

"... the term 'paradigm' ..., it stands for the entire constellation of
beliefs, values, techniques, and so on shared by the members of a
given community."   (Kuhn 1996: 175)

「パラダイム」という用語は、語型変化を示す代表的な事例（範例）と
いう意味で使われる言語学の用語であるが、クーンが科学活動の特性を
示す専門用語として新たな意味で使用し、その後、科学哲学の重要な用
語として使われている。

　ただし、この用語の曖昧さが批判されることになり、クーンは「パラ
ダイム」という用語の代わりに、「専門母型」(disciplinary matrix) とい
う用語に変更している。

"For present purposes I suggest 'disciplinary matrix': 'disciplinary'
because it refers to the common possession of the practitioners of a
particular discipline; 'matrix' because it is composed of ordered
elements of various sorts, each requiring further specification."

(Kuhn 1996: 182)

17 生成文法の歴史を振りかえった場合、Chomsky (1957) に代表される
初期の統語論を中心とする研究に対し、Chomsky (1965) の標準理論
では、文法の下位部門として統語部門だけでなく意味部門も設定され、
文法との関連で意味的な現象も付随的には研究されている。しかし、文
法の研究に対し、意味的な研究はかなり限定された意味（例えば、語彙
レベル、文レベルの文字通りの意味）の研究に留まっており、認知言語
学のように文字通りの意味だけでなく、修辞的な意味や創造的な意味ま
でを対象とする包括的な意味研究はなされていない。

　この点は、現在のミニマリストプログラムの研究にも当てはまる。ミ
ニマリストプログラムの研究では、併合（merge）の統語操作を中心と

するシンタクスの形式面の研究が中心となり、実質的な意味研究への展開はみられない。

18 生成文法の研究プログラムの妥当性を検討する場合には、特に生成文法が採用する「インターフェース・マジックの方略」（cf. 山梨（2002））に注意する必要がある。ここで問題とする「インターフェース・マジックの方略」は、中核とされる統語部門からインターフェイスを介して、意味と運用に関わる研究が約束される方略である。

　しかし、生成文法の研究では、初期の研究から現在の研究に至るまで、常に文-文法を中核とする統語論の研究だけが限定的になされ、意味論、語用論の研究や、文レベルの研究を越える談話文法の研究はなされていない。

　生成文法の研究の歴史は半世紀以上になるが、現時点でも依然として文レベルの形式文法を越える意味論、語用論の本格的な研究はなされていない。その原因は、以上の「インターフェース・マジックの方略」に起因している。この方略をとる限り、生成文法の研究は、「統語論を越える研究もいずれ試みる」と約束しても、その期待を裏切り続ける研究プログラムということになる。この研究プログラムの本質的な（あるいは決定的な）限界は、統語論の自律性を前提とする点に起因する。

19 認知言語学の経験基盤主義のアプローチは、ヴァレラに代表されるエナクティブ・アプローチ（enactive approach）とも軌を一にする（cf. Varela *et al.* (1991)）。このアプローチで重要な点は、環境とインターアクトしていく行為を介して、主体の認知プロセスをダイナミックに捉えていく点にある。この観点に立つならば、認知とは、外部世界から独立して存在する認知システムによって世界を表象していく、という従来の認知科学の前提に疑問が投げかけられることになる。このアプローチは、認知が外部世界の客観的な反映であるとする素朴実在論ではなく、状況に埋め込まれた主体の身体性や行動を介して世界を理解し、意味づけしていく、エナクティヴィズム（enactivism）に基づいている。

　哲学的な観点からみた場合、エナクティブ・アプローチは、ヴァレラ

の次の言明から明らかなように、メルロ・ポンティに代表される現象学の身体論に通じる。

　「西欧の科学文化は、物理的身体観だけでなく生きられる身体観、つまり、『外側』と『内側』を合わせもつ、生物学的であると同時に現象学的な身体観にいたるべきだというメルロ・ポンティの考えにわれわれは賛成する。」　　　　　　　　（ヴァレラ　ほか（2001: 13））

20 生物学者のユクスキュルは、この種の客観的な世界観を、次のように批判している。

　「人間以外の主体と、その環境世界の事物との関係が演じられる時間や空間と、われわれ人間と人間世界の事物との間をつなぐ関係が展開される空間と時間とが、まったく同一のものであるとする妄想にふけることが簡単におこなわれている。さらにこの妄想は、世界というものはただ一つしか存在しないもので、その中にあらゆる生物主体が一様にはめこまれているという信仰によって培われている。ここから、すべての生物に対して、ただ一つの空間と時間しか存在しないはずだという、ごく一般的な確信が生まれてくる。」

　　　　　　　　　　　　　（ユクスキュル＆クリサート（1995: 27–28））

21 時間や空間も、生物にとってはそれぞれ独自の時間・空間として知覚される。生物の行動は、各生物種でことなる知覚作用の結果であり、それぞれの生物に特有の意味をもっている。

22 以上の環世界に関わる世界観は、ホワイトヘッド（1982）の自然理解における世界観と通じる。ホワイトヘッドは、自然理解に関わる認識を、環境に埋め込まれた人間が、自然の一部である自己の身体を通して対象を知覚する行為（ないしは出来事）とみなしている（cf. ホワイトヘッド（ibid.: 60–62, 188））換言するならば、われわれは、環境における多様な関係のネットワークの一部として常に自然を身体的に知覚し、この身体的経験が自然の認識を可能としていることになる。

23 認知言語学は、その研究の展開における初期の段階から、日常言語の形式と意味に関わる文法研究や意味研究だけでなく、メタファー、メトニ

ミー、アイロニー、等に関わる言葉の修辞的なメカニズムの研究も精力的に試みている。この点で、認知言語学は、レトリックを中心とする知の創造的な側面を重視するヴィーコの学問と思想を継承している。

24 この世界観を暗黙の前提とする自然科学の見方は、観察される対象世界は、それを観察する主体から独立してそれ自体として存在する、という世界観である。この世界観は、主観からの影響をすべて排除し、対象世界を、可能な限り正確に観察し、記述することを試みる。この自然科学的なものの見方の背後には、主観の影響を受けない対象世界の客観的な把握が可能である、という「主客の先験的な区分」（「主観／客観の先験的な区分」）を前提とする世界観が存在する。

25 すなわち、物理学、化学、生物学、等に代表される科学の諸学問も、根源的には一種の生活世界（「科学」という名の認識的な態度によって特徴づけられる生活世界）を前提にしているに過ぎない。

26 フッサールは、この意味での「生活世界」に立ち戻ることにより、科学を含むあらゆる学問の根源的な問い直しを企図する。この「生活世界」に基づく問題意識は、以下の引用から明らかなように、メルロ＝ポンティの思想に継承されている。

> 「最初の哲学的行為は、客観的世界の手前にある生きられた世界にまでたち戻ることだ、ということになるだろう。それというのも、この生きられた世界においてこそ、われわれは 客観的世界の権利もその諸限界も、了解することができるであろうからだ。」

> （メルロ＝ポンティ 1967: 110）

第 6 章

言語科学の新たな展望

1. 言語研究の開放性と閉鎖性

　一般に言語学のアプローチには、言語現象の具体的な観察と分析を中心に研究を進める記述的なアプローチと、言語現象の一般的な予測・説明を可能とする言語モデルを仮定して研究を進めていく理論的なアプローチが存在する。前者のアプローチは、伝統的な記述文法や語法研究を中心とする言語研究に認められる。これに対し、後者のアプローチは、構造言語学、生成文法、認知言語学などの言語科学的な研究のアプローチである。

　言語研究の歴史を振りかえった場合、記述的なアプローチに基づく研究は、理論的なアプローチに基づく研究にくらべ地道な研究とみなされる傾向がある。これに対し、理論言語学の研究（i.e. 理論的なアプローチに基づく研究）は、仮説構築に基づき事実の予測と一般化を試みる、という点でより科学的な研究として理解される。しかし、理論言語学の研究は、その研究方法と分析対象を規定する学問観が、具体的な研究の方向を示し、暗黙のうちに研究者の言語

観を決定する、という点で個々の研究者の学問的な営みに重要な影響を及ぼす。換言するならば、実際にどの言語理論にコミットして研究を進めるかが、その言語学者の実質的な研究の営みに重要な影響を与えることになる。

　一例として、チョムスキーの生成文法理論にコミットして研究を進める場合を考えてみよう。生成文法理論の学問観の背後には、基本的に次のような前提が存在する（e.g.（i）言語能力と言語運用の先験的な区分、（ii）統語論の自律性、（iii）普遍文法の生得性、（iv）規則支配の文法観、等）。

　例えば、生成文法の研究では、（i）の前提のもとに、言語現象の分析に際し、言語能力に関わる言語現象が言語運用に関わる現象と先験的に区分されると考え、まず前者に関わる現象の分析から研究を試みる。この研究方略の背景には、言葉の言語能力に関する研究においては、言語運用に関わる要因は捨象（ないしは除外）して言語事実の一般化が可能である、という前提が存在する。従って、生成文法のアプローチでは、例えばある言語現象の一般化に際し反例が提示された場合でも、その反例は、純粋に言語能力に関わる制約に起因するのではなく、言語運用に関わる制約（例えば、語用論に関わる制約）に起因するため実質的な反例ではない、として反論に対する回避を試みる。

　この研究態度は、生成文法が前提とする上述の統語論の自律性（i.e.（ii）の前提）にも関係する。研究の途上で、ある文法現象の一般化に際し、意味的な要因や語用論的な要因によって制約を受ける言語事実が反例として示されても、その種の事実は、自律的な統語論に関わる事実ではないので実質的な反例ではない、として問題の反論に対する回避を試みる。しかし、生成文法が前提とする以上

の（i）と（ii）の前提に関わる区分は、あくまで先験的に仮定された区分であり、言語事実の裏づけによって経験的に実証されている訳ではない。したがって、上記の文法現象の一般化の反例は無視すべき言語事実であるという生成文法の反論は、あくまで生成文法の文法観（ないしは言語観）の前提を背景とする理論的な反論以上のものではない。

　チョムスキーの生成文法のアプローチは、言語研究に際し、統語論を意味論や言語運用に関わる語用論から先験的に切り離すだけでなく、意味論的な研究や語用論的な研究には積極的には興味を示さない傾向が認められる。この傾向は、過去の数十年におけるチョムスキー自身のシンタクス・ショーヴィニズム（i.e. 統語論中心主義）の研究態度から明らかである。現在の生成文法のミニマリスト・プログラムにおいても、依然として研究の焦点はシンタクスにあり、意味と言語運用に関わる問題はあくまで解釈部門の問題として位置づけられ、意味論、語用論に関わる研究は実質的には殆どなされていない。

　この種の研究のスタンスが影響し、チョムスキーの生成文法の研究プログラムは、制度的には、統語論の研究に興味をもつ研究者を輩出するが、意味論、語用論に積極的に興味をもつ研究者は輩出しない傾向にある。さらに研究者の学問的な嗜好（ないしは好み）というきわめて主観的な観点からみたばあい、この研究プログラムには、生理的に統語論には研究の手応えを感じるが、意味論や語用論には生理的に手応えを感じないシンタクス・ショーヴィニストの研究者を制度的に生み出していく傾向が認められる[1]。

2. 認知言語学と知の探求の開放性

実際にどの言語理論にコミットして研究を進めるかは、単なる学問上の選択に留まるのではなく、その研究者の分析対象に対する生理的な嗜好性や研究スコープの開放性（ないしは内閉性）に実質的な影響を及ぼす。

この点は、前節の生成文法の研究者に認められる学問的スタンスと彼等がコミットする言語観から明らかである。前節の考察から明らかなように、一般に生成パラダイムが推進する研究には、その学問的スタンスからみて内閉的な傾向が認められる。

これに対し、認知言語学の研究には、知の探求に際しての開放性が認められる。認知言語学の言語観では、文法は形式、意味、運用に関わる動的な記号系として規定され、言葉の統語的、意味的、語用論的な側面が統合された言語モデルとして規定される。従って、文法の研究は、生成文法のように自律的な統語論の部門として、意味論、語用論から独立して（自律的に）規定されるのではなく、意味論、語用論に対して相互依存的に開かれている。（以上の認知言語學の文法観の詳細に関しては、第4章を参照。）この点は、認知言語学の文法の構成単位としての構文（construction）の規定から明らかである。認知言語学の言語観では、構文は、記号の形式に関わる音韻極と記号の意味（運用、修辞、等）に関わる（ひろい意味での）意味極からなるゲシュタルト的な構成体として規定される。したがって、文法現象の記述・説明を試みる際には、文法の統語的な側面だけでなく、音韻的、意味的、語用論的（さらには修辞的）な側面に関わる諸要因を体系的に分析していくことになる。従って、認知言語学の文法研究は、生成文法のように統語論の研究に内

閉的に限定されるのではなく、音韻論、意味論、語用論（さらには修辞学）の研究にも開かれていることになる。

　認知言語学の研究者が本格的に文法研究（ないしは言語研究）に携わる際には、言葉のどのような構成単位の分析に際しても、形式、意味、語用、等のどの言語的側面にも眼を向けて研究を進めることになる。この研究方略は、認知言語学の研究パラダイムが、どのようなタイプの研究者を制度的に生み出していくか、という点からみても重要な意味をもつ。認知言語学のパラダイムは、その研究方略からして、単にせまい意味での文法（ないしはシンタクス）だけでなく、意味論、語用論、等の他の研究部門にも興味を示す言語学者を生み出してきている。この点で、認知言語学の研究体制は、統語論中心の文法研究に終始する傾向をもつ生成文法にくらべ、言葉の形式、意味、運用、等の要因を考慮して文法のメカニズムの解明を試みる、より統合的な言語研究のプログラムであると言える。

3.　認知言語学の関連領域への適用性

　認知言語学は、単にせまい意味での言葉に関わる現象だけでなく、言葉以外の人間の知のメカニズムの探求にも積極的に眼を向けて研究を進める点が注目される。認知言語学は、この点で、言語現象プロパーに分析の対象を限定する構造言語学や生成文法の研究とくらべてより開放的な研究スタンスをとっていると言える。

　この研究スタンスを示す一例は、メタファー、メトニミー、等の修辞的側面に関わる研究も言葉の中心的な研究として進めている点にある。これまでの伝統的な文法研究や構造言語学、生成文法などの理論言語学の研究では、言葉の字義通りの意味（ないしは文字通

りの意味）に関する研究が中心となり、修辞的側面に関する研究は等閑視されている。認知言語学の研究の革新的な点は、言葉の字義通りの意味の側面だけでなく、言葉の修辞的な側面も含めたより包括的な研究を可能とした点にある。

　この研究スタンスは、人間の知のメカニズムの解明に関する認知言語学の学問観から自然に理解される。第5章の第1節（i.e. 5.1節）で指摘したように、認知言語学は、人間の知のメカニズムの中核をなす概念体系はメタファーに根ざしており、メタファーが言葉の創造的な意味を特徴づけている、という事実に注目する（cf. Lakoff and Johnson 1999: 3）。したがって認知言語学の研究では、メタファー、メトニミーをはじめとする知の修辞的なメカニズムの研究が広範になされている。認知言語学のこの方面の研究の重要な点は、修辞的側面の研究が、言葉の意味の創造性を明らかにするだけでなく、日常言語の記号系の中核をなす構文とイディオムのメカニズムや語彙の多義性のメカニズムに関わる言語現象の体系的な分析を可能にしている点にある。

　さらに重要な点は、この方面の研究で得られた知見が、言語学プロパーの研究だけでなく、詩学、文学のテクスト分析、文体論、等の言葉の関連分野の研究に積極的に適用されている点にある。（この方面の研究の詳細に関しては、Yamanashi (ed. 2016) を参照。）

　認知言語学の研究で得られた知見の一部は、さらに数学、論理学、倫理学/道徳学、政治学、フェミニズム、等の理系、文系の学問分野にも適用されている。例えば、Lakoff and Núñez 2000）では、人間の知の中核をなすメタファーの認知機構に基づいて、数学の概念体系（e.g. 集合論における無限概念、微積分における無限小概念、群論における同型概念、等）に関わる数学的な認知のメカニ

ズムの再規定が試みられている。プラトニズム的な数学観では、数学の世界は先験的な普遍概念（ないしは抽象概念）の体系とみなされるが、認知言語学の規定では、数学の概念体系は、生物としての人間が身体的な経験に根ざすアナログ感覚（i.e. 数覚）に基づいて獲得してきた認知能力により再規定される[2]。

　認知言語学の研究では、メタファーの認知機構に基づく応用分析の他に、さらに意味フレーム（semantic frame）、プロトタイプ（prototype）、イメージ図式（image schema）などの認知機構に関わる道具立てを関連分野の研究に適用した研究も進められている。例えば、Johnson（1993）の研究では、伝統的な道徳学や倫理学におけるトップダウン的な規範原理を、道徳的想像力（moral imagination）に根ざす認知能力の観点から批判的に検討している。先験的な規範原理によって律せられるようにみえる現実生活の価値判断は、典型的（i.e. プロトタイプ的）な状況には適用するが、個々に直面する予測不可能な状況を規定していくことは不可能である。Johnson が注目する道徳的想像力は、現実生活の個々の状況に柔軟に対応する際の価値体系を規定する認知能力を意味する。Johnson は、この価値の意味フレームに根ざす道徳的想像力の観点から、伝統的な規範原理の限界を越える新たな道徳學の研究の方向を示している。

　認知言語学の重要な概念である理想的認知モデル（idealized cognitive model）も関連分野の研究（例えば、政治学の研究）に適用されている。例えば、Lakoff（1996）は、アメリカの主流をなす保守とリベラルの政治思考は、それぞれ「厳格なる父」（strict father）のメタファーに基づく認知モデルと「慈しみのある母」（nurturant mother）のメタファーに基づく認知モデルに根ざして

いる点を指摘している。前者の保守の政治思考は、政府の果たすべき役割は国民が自力で努力し、自立した存在になれるように促すことにある、とする思考（i.e.「政府」＝「厳格な父親」の思考）を意味する。他方、リベラルの政治思考は、政府の果たすべき役割は、助けを必要とする個人に手を差し伸べ社会的な福祉を保証する、という思考（i.e.「政府」＝「慈しみのある母」）を意味する。

　一般に、伝統的な政治学や道徳学の研究には、人間行動を支配する政治的な思考（ないしは道徳的な思考）は、イデオロギー、価値観、等に関わる抽象的な概念によって規定される、という前提が存在する。認知言語学の研究は、この種の政治、道徳に関わる思考のメカニズムの解明に際し、日常生活の具体的な経験に根ざすメタファーと認知モデルに基づく分析を試みる点で、人間の思考体系の探求に関する新たな研究の方向を示している[3]。

4.　科学における収斂的証拠と実証性

　一般に理論言語学の研究は、その研究プログラムの前提となる基本的な枠組みと方法論を明示して研究を進める点に共通の特徴がある。この点は、構造言語学、生成文法、認知言語学、等のどのような理論言語学に関してもあてはまる。しかし、これまでの理論言語学に携わる言語学者の研究をみた場合、競合する言語理論の適否を判断する科学的な基準を明確に提示し、常にこの基準を意識しながら研究をしているとは限らない。研究に関するこの種の科学的な妥当性の基準は、競合する言語理論の間で論争を試みる場合には、当然意識される。しかし、一端ある言語理論が通常科学の営みとして制度的に確立すると、その妥当性を批判的に検討する意識は薄れ、

具体的な研究に埋没していくことになる。

　言語学が経験科学の一分野である以上、言語研究の進展を判断していくに際し、少なくとも次のような基準を考慮する必要がある。

   A. 言語事実をより包括的かつ体系的に説明しているか否か。

   B. 言語分析で得られた知見が、関連分野の研究に適用する可能性があるか否か。

   C. その説明が認知的実在性によって裏づけられているか否か。

現在までの認知言語学の研究を振りかえった場合、以上の基準からみたこの分野の研究評価に関する包括的な考察はなされていない。しかし、これまでの研究から、注目すべき研究成果が着実に得られてきている。

　例えば、上記のAの基準に関係する認知言語学の研究としては、日常言語のメタファー分析が注目される。他の言語学の研究と比較した場合、認知言語学の特筆すべき点は、メタファーに関わる言語現象をより包括的な視点から研究している点にある。従来のメタファーの研究は、修辞学の研究の主要なテーマであり、言語学プロパーの分野では等閑視されていたと言える。これに対し、認知言語学の研究では、日常言語の意味に関わる多様な現象（e.g.（i）語彙の多義性、（ii）語彙の意味変化、（iii）慣用句の意味拡張、（iv）構文の意味拡張、等に関わる現象）を、比喩写像のメカニズムに基づいて体系的に分析している。この点で、認知言語学の研究は、上記のAの妥当性の基準を満たす研究成果を挙げていると言える。

　さらに重要な点は、（前節でも触れたように）この方面の研究で

得られた知見が、言語学の研究分野だけでなく、他の文系、理系の研究分野に属する詩学、数学、道徳学、政治学、等の学問分野にも適用されている点にある（Yamanashi (ed. 2016)、参照）。この点で、認知言語学の研究の一部は、上記のBの研究の妥当性の基準にそった研究を進めていると言える。

　上記のCの妥当性の基準（i.e. 認知的妥当性の基準）に関してはどうか。この基準は、言語学が経験科学の一分野とみなされるためには、その分析結果が、心理学、脳科学、情報処理、等の人間の知の探求に関わる認知的実在性によって裏づけられているか否か、を意味する。認知言語学は、言語現象の記述・説明に、プロトタイプ、ゲシュタルト、イメージスキーマ、フレーム、メンタルモデル、等の認知的な分析の道具立てを適用して、言語事実の一般化を試みている。この種の道具立ては、人間の知のメカニズムの解明のために、認知心理学、ゲシュタルト心理学、AI、等の認知科学の関連分野において、心理的な実在性（ないしは、認知的な実在性）を反映する道具立てとして導入されている。

　一見したところ、この種の認知科学の関連分野の研究に関わる道具立ては、心理学、AI、脳科学、等の個々の分野の独自の認知的実在性を反映する装置として提示されているようにみえる。しかし、これらの関連分野を統括する広義の認知科学の観点からみた場合、この種の道具立ては、いずれも人間の認知能力を経験的に特徴づける重要な概念装置として機能している。人間の認知能力は、対象を典型的な存在と周辺的な存在の分布関係として把握する能力（i.e. プロトタイプ／非プロトタイプの認知能力）、対象を部分の総和ではなく全体的に把握する能力（i.e. ゲシュタルト知覚の能力）、対象をイメージ形成と抽象化に基づいて把握する能力（i.e.

イメージスキーマの能力）、事象を組織化された知識の枠組み（ないしはモデル）として把握する能力（i.e. フレーム化、モデル化の能力）、等によって構成されている。心理学、AI、脳科学、等の分野で提示されているプロトタイプ、ゲシュタルト、イメージスキーマ、フレーム、メンタルモデルなどの道具立ては、経験的にこの種の認知能力の諸機能を反映する点で、その認知的な実在性が認められる。

　ここで重要な点は、さらに認知言語学の研究分野においても、この種の道具立てによって言語現象の記述・説明の一般化が可能になっている、という点である。これは関連分野の研究における偶然の結果ではない。言葉の情報処理のプロセスは、心や脳の情報処理のプロセスと同様、人間の一般的な認知能力の反映である以上、心理現象や脳内現象の説明だけでなく、言語現象の説明にもプロトタイプ、ゲシュタルト、イメージスキーマ、フレーム、メンタルモデル、等の道具立てが重要な役割をになうのは自然であると言える。また別の観点からみるならば、この種の道具立ては、言語学、心理学、脳科学、等のことなる分野の研究に一般的に適用される点で、その認知的な実在性に関し経験的な裏づけが与えられると言える。

5.　経験科学としての言語科学の展望

　一般に、言葉に関わる研究は、ひろい意味で言語学の研究と言うことができるが、言葉の分析に携わる研究者が常に経験科学としての言語学（i.e. 言語科学）を意図して研究を進める訳ではない。特に言葉の語法的研究や言葉の規範的（ないしは教育的）な研究に関わる分野では、必ずしも科学性を前提として研究が進められるとは

限らない。しかし、構造言語学、生成文法、認知言語学といった理論言語学の研究は、その方法論や言語観はことなるとはいえ、科学的な研究を前提としている。この点で、理論言語学の研究は、広義の言語科学の研究として位置づけられる。

　前節では、この経験科学としての言語科学の研究が、適切で健全な方向で進められていくための条件として、次のような基準を検討した：（i）言語事実のより包括的で体系的な説明、（ii）言語研究で得られた知見の関連分野の研究への適用可能性、（iii）分析結果の認知的（ないしは心理的）実在性による裏づけ。経験科学としての言葉の研究は、少なくともこの種の基準を満たす程度に応じて、適切で健全な研究とみなすことができる。

　理論言語学の研究を振りかえった場合、この種の基準が常に満たされる方向で研究が進められている訳ではない。当該の言語學がどのような方法論を前提とするかにより、この種の基準に反する方向で研究が進められる場合も考えられる。言語理論によっては、その理論が前提とする方法論の性質により、以上の基準に反する方向で研究が進む場合もあり得る。

　一般に、ある方法論が確立し、その方法論を前提として考察すべき現象のスコープが自律的に限定されると、その方法論が規定する言語現象だけが注目され、他の現象をも考慮した包括的な研究がなされなくなる。仮にその言語理論に基づく研究が制度的には存続していても、研究が閉塞的になり、経験事実の予測と説明が得られないまま研究が続けられることになる。（この場合、最悪のケースとしては、事実の予測・説明の広がりよりもフォーマリズムのテクニカルな変更と修正だけが続き、新たな事実の発見や予測が不可能な状態になる。）これまでの理論言語学の研究（特に生成文法の研究）

をみた場合、前提とされる方法論が、あらかじめその文法モデルの理論的な帰結を導出するように、分析対象としての言語事実のスコープをトップダウン的に規定してしまうため、新たな言語現象の予測が不可能になる[4]。どのような言語理論であれ、経験科学として健全な研究を進めていく際には、この点に十分注意する必要がある[5]。

　当然のことながら、どのような研究も、その研究が暗黙の前提としている方法論（そしてその方法論を規定するパラダイム）を、研究の途上で常に検討する必要がある。このように、研究の途上でその前提となる方法論やパラダイムを意識的に検討していくスタンスには、メタ認知的な視点（ないしはモニター的視点）が関与している。しかし、これまでの理論言語学を振りかえった場合、この種のメタ認知的な視点から、首尾一貫してその方法論とパラダイムを批判的にモニターしながら研究を進めている言語学が存在するとは言い難い。

　例えば、構造言語学と生成文法理論の研究には、この種の（メタ認知的な）批判的視点は認められない。これまでの認知言語学の研究にも、厳密な意味では、この種の視点は認められない。しかし、認知言語学では、メタ認知的な視点の導入を試みていくことは不可能ではない。認知言語学が、他の言語学とことなる点は、言語現象の記述と説明に際し、言語主体の認知プロセスに注目する点にある。認知言語学は、外部世界を解釈し意味づけする言語主体の認知プロセスの反映として言語現象の記述と説明を試みる。

　本書では、認知言語学が注目する人間の認知プロセスをさらに広義に解釈し、言葉の研究に携わる言語学者の方法論やパラダイムの構築に関わる認知プロセスにも注目する。このように考えた場合、

言語研究において、少なくとも二つのことなる認知プロセスが問題となる。一つは、日常言語の話し手（ないしは聞き手）としての言語主体に関わる認知プロセスである。もう一つは、研究の前提となる方法論とパラダイムの構築に関わ研究者の認知プロセスである。この認知プロセスは、言語学者が研究に際しどのような言語理論を構築するかにも密接に関わっている。

　この後者の認知プロセスは、個々の言語理論に基づく研究の営みが経験的に健全な方向で進んでいるか否かを、メタ認知的な視点から批判的に検討していくことにつながる。より具体的に言うならば、この種のメタ認知的な視点を、認知言語学の研究プログラムに導入することにより、個々の言語理論の前提となっている方法論とパラダイムを批判的に検討していくことが可能となる。

注
1　以上の事実は、実際にどのような言語理論にコミットして研究を進めるかが、その言語学者の実質的な研究の営みに重要な影響を与えることを示している。
2　ここで問題にする「数覚」という概念は、小平（2000）の注目する次のような感覚である。すなわち、「明らかに論理的推理能力等とは異なる純粋な感覚」（ibid.: 7）である。小平は、この感覚が数学の理解に際し重要な働きをするとして、この感覚をさらに次のように記述している。
　　　「数学を理解するということは数学的現象を「見る」ことであろう。ここで「見る」といったのは、… ある種の感覚によって知覚することである。」
　　　　　　　　　　　　　　　　　　　　　　　　　　　　（小平 2000: 7）
　ここで注目する「数覚」は、動物や人間が進化の過程で獲得した数の把握に関わるアナログ的な認知能力に関係している。認知科学的な観点（特に、発達心理学と進化心理学の観点）からみたこの概念の位置づけに関

しては、さらに Dehaene（1997）を参照。

3　理論言語学の分野における政治的な問題の研究は、以上の認知言語学の研究が最初という訳ではない。歴史的にみた場合、この種の研究は、認知言語学のパラダイムの学問的な母体となった生成意味論（Generative Semantics）の時代の Robin Lakoff のフェミニズム言語学の研究にその端を発している。（具体的には、巻末の〈参考文献（生成意味論）〉の R. Lakoff（1972, 1973, 1975）を参照。）

　　R. Lakoff は、これらの一連の研究において、女性と男性の言葉の使用の背後に存在するイデオロギー（特に、女性に対する男性の政治的イデオロギー）と日常言語の形式、意味、運用の相互関係に関する綿密な言語分析を試みている。生成意味論における R. Lakoff の研究は、現在に至るフェミニズム言語学の原点として、歴史的に重要な意味をもつ研究と言える。

4　Lakoff and Johnson（1999）は、経験科学としての言語研究を健全に進めるための指針として、次の条件を示している。

> What needs to be avoided in science are assumptions that predetermine the results of the inquiry before any data is looked at.
>
> （Lakoff and Johnson 1999: 79）
>
> In applying a method, we need to be as sure as we can that the method itself does not either determine the outcome in advance of the empirical inquiry or artificially skew it.　　　　　（ibid.）

5　理論言語学の研究の適切性は、さらに当該の言語理論がアプリオリに提示する仮説が経験的な動機づけに欠け、その理論の主張が実質的に反証不可能な状態に陥っているか否か、という観点からも検討する必要がある。

〈参考文献（言語学と関連分野）〉

Achard, Michel, and Susanne Niemeier (eds.) 2004. *Cognitive Linguistics, Second Language Acquisition, and Foreign Language Teaching.* Berlin/New York: Mouton de Gruyter.

Arbib, Michael A. 1989. *The Metaphorical Brain* 2*: Neural Networks and Beyond.* New York: John Wiley & Sons.

Austin, John L. 1962. *How to Do Things with Words.* Oxford: Oxford University Press.

Bates, Elizabeth 1979. *The Emergence of Symbols: Cognition and Communication in Infancy.* New York: Academic Press.

Bateson, Gregory 1972. *Steps to an Ecology of Mind.* New York: Ballantine Books.

ベイトソン、グレゴリー 1990.『精神の生態学』（佐藤良明 訳）東京：思索社.

Beaugrande, Robert-Alain de and Wolfgang Dressler 1981. *Introduction to Text Linguistics.* London: Longman.

Bloomfield, Leonard 1926."A Set of Postulates for the Science of Language." *Language* 2: 153–164.

Bloomfield, Leonard 1933. *Language.* New York: Holt, Rinehart & Winston.

Boas, Franz 1929. "Classification of American Indian Languages." *Language* 5: 1–7.

Bruner, Jerome S. 1975. "From Communication to Language." *Cognition* 3: 255–287.

Bybee, Joan 2006. *Frequency of Use and the Organization of Language.* Oxford: Oxford University Press.

Bybee, Joan L. and Paul Hopper (eds.) 2001. *Frequency and the Emergence of Linguistic Structure.* Amsterdam: John Benjamins.

Carnap, Rudolf 1936/1937. "Testability and Meaning." *Philosophy of Science* 3: 419–471/4 : 1–40.

Chomsky, Noam 1957. *Syntactic Structures*. The Hague: Mouton.

Chomsky, Noam 1965. *Aspects of the Theory of Syntax*. Cambridge, MA: MIT Press.

Chomsky, Noam 1966. *Cartesian Linguistics*. New York: Harper & Row.

Chomsky, Noam 1968. *Language and Mind*. New York: Harcourt, Brace & World.

Chomsky, Noam 1981. *Lectures on Government and Binding*. Dordrecht: Foris.

Chomsky, Noam 1982. *The Generative Enterprise*. Dordrecht: Foris.

Chomsky, Noam 1986. *Knowledge of Language: Its Nature, Origins, and Use*. New York: Praeger.

チョムスキー、ノーム 1989. 『言語と知識』（田窪行則・郡司隆男 訳）、東京：産業図書.

Chomsky, Noam. 1993. "A Minimalist Program for Linguistic Theory." In Ken Hale and Samuel J. Keyser (eds.) *The View from Building* 20: 1–52. Cambridge, MA: MIT Press.

Chomsky, Noam 1995. *The Minimalist Program*. Cambridge, MA: MIT Press.

Chomsky, Noam 2001. "Beyond Explanatory Adequacy." *MIT Occasional Papers in Linguistics* 20: 1–28.

Crick, Francis 1994. *The Astonishing Hypothesis*. New York: Simon & Schuster.

Croft, William 2000. *Explaining Language Change: An Evolutionary Approach*. London: Longman.

Croft, William 2001. *Radical Construction Grammar*. Oxford: Oxford University Press.

Croft, William, and D. Alan Cruse. 2004. *Cognitive Linguistics*. Cambridge: Cambridge University Press.

Dabrowska, Ewa 1997. "The LAD Goes to School: A Cautionary Tale for Nativists." *Linguistics* 35: 735–766.

Damasio, Antonio R. 1994. *Descartes' Error*. New York: G.P. Putnam's Sons.

D'Andrade, Roy. 1995. *The Development of Cognitive Anthropology*. Cambridge: Cambridge University Press.

Darwin, Charles 1958. *The Origin of Species*. New York: Mentor.

ダーウィン、チャールズ 1990.『種の起源』(上／下)(八杉龍一 訳)岩波文庫 (改版)、東京: 岩波書店 .

Deacon, Terrence W. 1997. *The Symbolic Species*. New York: W.W. Norton.

ディーコン、テレンス W. 1999.『ヒトはいかにして人となったか』(金子隆芳 訳)、東京: 新曜社.

Dean, Paul D. 1992. *Grammar in Mind and Brain: Explorations in Cognitive Syntax*. Berlin: Mouton de Gruyter.

Dehaene, Stanislas 1997. *The Number Sense: How the Mind Creates Mathematics*. New York: Oxford University Press.

デカルト、ルネ 1964.『哲学原理』(桂 寿一 訳)岩波文庫、東京: 岩波書店.

デカルト、ルネ 1974.『精神指導の規則』(野田又夫 訳)岩波文庫 (改版)東京: 岩波書店

Dennett, Daniel C. 1992. *Consciousness Explained*. New York: Back Bay Books.

Dewey, John 1958. *Experience and Nature*. New York: Dover Publications.

Eco, Umberto 1999. *Kant and the Platypus: Essays on Language and Cognition*. (Tr. by Alastair McEwen) New York: Mariner Books.

エーコ、ウンベルト 2003.『カントとカモノハシ』(上／下)(和田忠彦・監訳)東京: 岩波書店.

Edelman, Gerald M. 1992. *Bright Air, Brilliant Fire: On the Matter of the Mind.* New York: Basic Books.

エーデルマン、ジェラルド M. 1995. 『脳から心へ——心の進化の生物学』（金子隆芳 訳）東京：新曜社.

Elman, Jeffrey L. 1993. "Learning and Development in Neural Networks: The Importance of Starting Small," *Cognition* Vol: 48, 71–99.

Elman, Jeffrey L., Elizabeth A. Bates, Mark H. Johnson, Annette Karmiloff-Smith, Domenico Parisi, and Kim Plunkett 1996. *Rethinking Innateness: A Connectionist Perspective on Development.* Cambridge, MA: MIT Press.

ファーブル、ジャン＝アンリ C. 1993. 『昆虫記』（山田吉彦 訳）岩波文庫、東京：岩波書店.

Fauconnier, Gilles. 1985. *Mental Spaces.* Cambridge, MA: MIT Press.

Fauconnier, Gilles, and Mark Turner. 2002. *The Way We Think.* New York: Basic Books.

Feyerabend, Paul. 1975. *Against Method.* New York: Verso Books.

Fillmore, Charles J. 1968. "The Case for Case." In Emmon Bach and Robert T. Harms (eds.) *Universals in Linguistic Theory*, 1–88. New York: Holt, Rinehart & Winston.

Fillmore, Charles J. 1975. "An Alternative to Checklist Theories of Meaning." In *Proceedings of the First Annual Meeting of the Berkeley Linguistic Society*, 123–131, Berkeley: Berkeley Linguistic Society.

Fillmore, Charles J. 1977. "Scenes-and-Frame Semantics." In Antonio Zampoli (ed). *Linguistic Structures Processing*, 55–81. Amsterdam: North-Holland.

Fodor, Jerry A. 1975. *The Language of Thought.* Cambridge, MA: Harvard University Press.

Fodor, Jerry A. 1983. *The Modularity of Mind.* Cambridge, MA: MIT Press.

Fodor, Jerry A. and Jerrold J. Katz (eds.) 1964. *The Structure of Language.* Englewood Cliffs, N.J.: Prentice-Hall.

Fries, Charles C. 1952. *The Structure of English.* New York: Harcourt, Brace & Co.

Gibbs, Raymond W. 1994. *The Poetics of Mind.* Cambridge: Cambridge University Press.

Gibson, James J. 1979. *The Ecological Approach to Visual Perception.* Boston: Houghton Mifflin.

ギブソン、ジェームズ J. 1986. 『生態学的視覚論―ヒトの知覚世界を探る』（古崎 敬 訳）、東京：サイエンス社.

Goldberg, Adele E. 1995. *Constructions: A Construction Grammar Approach to Argument Structure.* Chicago: University of Chicago Press.

Givón, Talmy 1979. *On Understanding Grammar.* New York: Academic Press.

Grice, H. Paul 1975. "Logic and Conversation." Peter Cole and Jerry Morgan (eds.) *Syntax and Semantics,* 41–58. New York: Academic Press.

Grice, H. Paul. 1978. "Further Notes on Logic and Conversation." In Peter Cole (ed.) *Syntax and Semantics,* 113–128. New York: Academic Press.

ハイゼンベルク、ヴェルナー K. 1979. 『自然科学的世界像』（田村松平 訳）、東京：みすず書房.

ハイデガー、マルティン 1960. 『存在と時間』（上 / 中 / 下）、（桑木 務 訳）、岩波文庫、東京：岩波書店.

Hanson, Norwood R. 1958. *Patterns of Discovery.* Cambridge: Cambridge University Press.

ハンソン、ノーウッド R. 1986. 『科学的発見のパターン』（村上陽一郎 訳）、講談社学術文庫、東京：講談社.

Harris, Catherine L. 1991. *Parallel Distributed Processing Models and Metaphors for Language and Development.* Ph.D. Dissertation, University of California, San Diego.

Harris, Randy A. 1993. *The Linguistics Wars*. Oxford: Oxford University Press.

Harris, Zellig S. 1954. "Distributional Structure." *Word* 10 (2/3): 146–162.

Harris, Zellig S. 1957. "Co-occurrence and Transformation in Linguistic Structure." *Language* 33 (3): 283–340.

Heine, Bernd. 1997. *Cognitive Foundations of Grammar*. Oxford: Oxford University Press.

Hempel, Carl G. 1966. *Philosophy of Natural Science*. Englewood Cliffs, N.J.: Prenticed-Hall.

Hesse, Mary B. 1963. *Models and Analogies in Science*. London: Sheed & Ward

Hockett, Charles F. 1958. *A Course in Modern Linguistics*. New York: Macmillan.

本多 啓（1997）「英語の主体移動表現、中間構文、知覚動詞について：生態心理学の観点から」『駿河台大学論叢』15: 95–116.

ホワイトヘッド、アルフレッド N. 1981.『過程と実在』（平林康之 訳）、東京：みすず書房.

ホワイトヘッド、アルフレッド N. 1982.『自然という概念』（ホワイトヘッド著作集）、（藤川吉美 訳）、京都：松籟社.

Hutchins, Edwin 1995. *Cognition in the Wild*. Cambridge, MA: MIT Press.

Husserl, Edmund 1950. *Die Idee der Phänomenologie*. Haag: Martinus Nijhoff.

フッサール、エドムント 1965.『現象学の理念』（立松弘孝 訳）、東京：みすず書房.

フッサール、エドムント 1974.『ヨーロッパ諸学の危機と超越論的現象学』（細谷恒夫・木田元 訳）、東京：中央公論社.

乾 敏郎 1998.「運動系列予測学習仮説」、『神経心理学』14：144–149.

Johnson, Mark 1987. *The Body in the Mind*. Chicago: University of Chicago Press.

Johnson, Mark 1993. *Moral Imagination*. Chicago: University of Chicago Press.

カント、イマヌエル 2012.『純粋理性批判』（熊野純彦 訳）東京: 作品社.

Katz, Jerold J. 1972. *Semantic Theory*. New York: Harper & Row.

Katz, Jerold J. and Jerry A. Fodor 1963. "The Structure of a Semantic Theory." *Language* 39 (2): 170–210.

Katz, Jerold J. and Paul M. Postal 1964. *An Integrated Theory of Linguistic Descriptions*. Cambridge, MA: MIT Press.

川人光男・銅谷賢治・春野雅彦 2000.「言語に迫るための条件」『科学』70 (5): 381–387.

小平邦彦 2000.『怠け数学者の記』（岩波現代文庫）東京: 岩波書店.

児玉一宏・野澤 元 2009.『言語習得と用法基盤モデル』東京: 研究社.

Kuhn, Thomas S. 1962. *The Structure of Scientific Revolutions*. Chicago: University of Chicago Press.

Kuhn, Thomas S. 1996. *The Structure of Scientific Revolutions*. (Third Edition), Chicago: University of Chicago Press.

クーン、トーマス S. 1971.『科学革命の構造』（山中 茂 訳）東京: みすず書房.

クリック、フランシス 1995.『DNA に魂はあるか―驚異の仮説』（中原英臣 訳）東京: 講談社.

黒田 航 1998.「言語習得への認知言語学からのアプローチ」『言語』27 (11): 38–45.

クロフト、ウィリアム 2018.『ラディカル構文文法―類型論的視点から見た統語理論』（山梨正明 監訳、渋谷良方 訳）東京: 研究社.

Lakatos, Imre 1970. "Falsification and the Methodology of Scientific Research Programmes." In Imre Lakatos and Alan Musgrave (eds.) *Criticism and the Growth of Knowledge*, 91–196. Cambridge: Cambridge University Press.

Lakatos, Imre and Alan Musgrave (eds.) 1970. *Criticism and the Growth of Knowledge.* Cambridge: Cambridge University Press.

Lakoff, George 1972. "The Arbitrary Basis of Transformational Grammar." *Language* 48 (1): 76–87.

Lakoff, George 1987. *Women, Fire, and Dangerous Things: What Categories Reveal about the Mind.* Chicago: University of Chicago Press.

レイコフ、ジョージ 1993. 『認知意味論』（池上嘉彦 ほか 訳）、東京: 紀伊国屋書店.

Lakoff, George 1993. "The Contemporary Theory of Metaphor." In Andrew Ortony (ed.) *Metaphor and Thought* (2nd ed.), 202–251. Cambridge: Cambridge University Press.

Lakoff, George 1996. *Moral Politics.* Chicago: University of Chicago Press.

Lakoff, George and Mark Johnson. 1980. *Metaphors We Live By.* Chicago: University of Chicago Press.

レイコフ、ジョージ＆マーク・ジョンソン 1986. 『レトリックと人生』（渡部昇一 ほか 訳）、東京: 大修館書店.

Lakoff, George and Mark Johnson 1999. *Philosophy in the Flesh: The Embodied Mind and its Challenge to Western Thought.* New York: Basic Books.

Lakoff, George and Rafael E. Núñez 2000. *Where Mathematics Come From: How the Embodied Mind Brings Mathematics into Being.* New York: Basic Books.

レイコフ、ジョージ & ラフェル・ヌーニェス 2012. 『数学の認知科学』（植野義明・重光由加 訳）東京: 丸善出版.

Lakoff, George and Mark Turner 1989. *More than Cool Reason.* Chicago: University of Chicago Press.

Lakoff, Robin T. 1989. "The Way We Were, or the Real Actual Truth about Generative Semantics." *Journal of Pragmatics* 13 (4): 939–988.

Langacker, Ronald W. 1979. "Grammar as Image." *Linguistic Notes from*

La Jolla 6: 88–126.

Langacker, Ronald W. 1982. "Space Grammar, Analysability, and the English Passive." *Language* 58 (1): 22–80.

Langacker, Ronald W. 1987. *Foundations of Cognitive Grammar*. Vol.1, Stanford: Stanford University Press.

Langacker, Ronald W. 1990. *Concept, Image, and Symbol*. Berlin/New York: Walter de Gruyter.

Langacker, Ronald W. 1991. *Foundations of Cognitive Grammar*. Vol.2, Stanford: Stanford University Press.

Langacker, Ronald W. 2000a. *Grammar and Conceptualization*. Berlin/New York: Mouton de Gruyter.

Langacker, Ronald W. 2000b."A Dynamic Usage-Based Model." In Michael Barlow and Suzanne Kemmer (eds.), *Usage-Based Models of Language*, 1–63. Stanford: CSLI Publications.

Langacker, Ronald W. 2001. "Discourse in Cognitive Grammar" *Cognitive Linguisitcs* 12 (2): 143–188.

Langacker, Ronald W. 2008a. *Cognitive Grammar: A Basic Introduction*, Oxford: Oxford University Press.

ラネカー、ロナルド W. 2011.『認知文法論序説』(山梨正明 監訳、児玉一宏 ほか 訳) 東京：研究社.

Langacker, Ronald W. 2008b. "Cognitive Grammar as a Basis for Language Instruction." In Peter Robinson and Nick C. Ellis (eds.) *Handbook of Cognitive Linguistics and Second Language Acquisition*. 66–88. London: Routledge.

Langacker, Ronald W. 2009. *Investigations in Cognitive Grammar*. New York/Berlin: Mouton de Gruyter.

Lamb, Sydney M. 1966. *Outline of Stratificational Grammar*. Washington, D,C.: Georgetown University Press.

Levine, Robert D. and Paul M. Postal 2004. "A Corrupted Linguistics." In

Peter Collier and David Horowitz (eds.) *The Anti-Chomsky Reader*, 203–231. San Francisco: Encounter Books.

Lewis, David. 1972. "General Semantics." In Donald Davidson and Gilbert Harman (eds.) *Semantics of Natural Language*, 169–218. Dordrecht-Holland: Reidel.

Mandler, Jean M. 2004. *The Foundations of Mind*. Oxford: Oxford University Press.

McCawley, James D. 1971."Interpretive Semantics Meets Frankenstein." *Foundations of Language* 7 (2): 285–296.

McCawley, James D. 1977. "Acquisition Models as Models of Acquisition."In Ralph W. Fasold and Roger W. Shuy (eds.) *Studies in Language Variation*. 51–64. Washington, D.C.: Georgetown University Press.

Merleau-Ponty, Maurice 1945. *La Phénoménologie de la perception*. Paris: Gallimard.

メルロ=ポンティ、モーリス 1967. 『知覚の現象学1』（竹内芳郎・小林貞孝訳）、東京：みすず書房.

Miller, George and Philip. N. Johnson-Laird 1976. *Language and Perception*. Cambridge, MA: Harvard University Press.

Minsky, Marvin 1980. "A Framework for Representing Knowledge." In Dieter Metzing (ed.) *Frame Conceptions and Text Understanding*. 1–25. Berlin/New York: Walter de Gruyter.

三尾砂 1948. 『国語法文章論』東京：三省堂書店.

三浦つとむ 1967. 『認識と言語の理論』(I/II)、東京：勁草書房.

三浦つとむ 1971. 『日本語とはどういう言語か』東京：季節社.

宮原 勇 2009. 「認知言語学と現象学的言語論の可能性―イメージ・スキーマ理論と志向性分析の統合の試み」『名古屋大学哲学論集』9: 1–25.

本居宣長 1785 (= 1970). 『詞の玉緒』（『本居宣長全集 第5巻』）、東京：筑摩書房.

長尾 真 1996.「〈言語の実際〉に即した理論とシステム」『月刊 言語』25 (4): 28–35.

Nagel, Ernest. 1961. *The Structure of Science.* New York: Harcourt, Brace & World.

Newman, John 2004. "The Quiet Revolution: Ron Langacker's Fall Quarter 1977 Lectures." In Alina Kwiatkowska and Barbara Lewandowska-Tomaszczyk (eds.) *Imagery in Language: Festschrift in Honour of Professor Ronald W. Langacker*, 43–60. Frankfurt: Peter Lang.

Nida, Eugene A. 1946. *Morphology.* Ann Arbor: University of Michigan Press.

Nida, Eugene A. 1966. *A Synopsis of English Syntax.* The Hague: Mouton.

西田幾多郎 1921.『善の研究』東京：岩波書店.

西田幾多郎 1965.『西田幾多郎全集』、第8巻、東京：岩波書店.

Norman, Donald and David E. Rumelhart 1975. *Explorations in Cognition.* San Francisco: Freeman.

尾谷昌則 2017.「書評論文：Masa-aki Yamanashi (ed.) *Cognitive Linguistics.* Vols.1–5, London: Sage Publications, 2016」、『語用論研究』19: 106–117.

大月 実 2019.「欧米日における認知言語学―その先駆けと現代の旗手」、42–57. 辻 幸夫 ほか（編）『認知言語学大事典』東京：朝倉書店.

Palmer, Gary B. 1996. *Toward a Theory of Cultural Linguistics.* Austin: University of Texas Press.

Piaget, Jean 1972. *Problèmes de psychologie génétique.* Paris: Éditions Denoël.

Pike, Kenneth L. 1967. *Language in Relation to a Unified Theory of the Structure of Behavior.* The Hague: Mouton.

Pike, Kenneth L. 1982. *Linguistic Concepts: An Introduction to Tagmemics.* Lincoln: University of Nebraska Press,

Popper, Karl R. 1963. *Conjectures and Refutation*s. New York: Harper &

Row.

Postal, Paul M. 1972. "The Best Theory. " In Stanley Peters (ed.) *Goals of Linguistic Theory*, 131–170. Englewood Cliffs, N.J.: Prentice-Hall.

Pullum, Geoffrey K. 1991. *The Great Eskimo Vocabulary Hoax*. Chicago: University of Chicago Press.

Pullum, Geoffrey K. 1996. "Nostalgic Views from Building 20." *Journal of Linguistics* 32: 137–147.

Putnam, Hilary W. 1981. *Reason, Truth, and History*. Cambridge: Cambridge University Press.

Quine, Willard van Orman 1953. *From a Logical Point of View*. New York: Harper & Row.

Ramachandran, Vilaynur S. 2000. "Mirror Neurons and Imitation Learning as the Driving Force behind 'the Great Leap Forward' in Human Evolution". *Edge* 69 : (http://www.edge.org/documents/archive/edge69.html)

Ramachandran, Vilaynur S. 2003. *The Emerging Mind*. London: Profile Books.

Ramachandran, Vilaynur S. and Sandra Blakeslee 1998. *Phantoms in the Brain*. New York: Harper.

ラマチャンドラン、ヴィラヤヌル S. & サンドラ・ブレイクスリー 1999. 『脳のなかの幽霊』(山下篤子 訳)(角川文庫)東京: 角川書店.

Rizzolatti, Giacomo and Michael A. Arbib 1998. "Language within Our Grasp." *Trends in Neurosciences* 21 (5): 188–194.

Rizzolatti, Giacomo and Maddalena Fabbri-Destro 2010. "Mirror Neurons: from Discovery to Autism." *Experimental Brain Research*. 200 (3/4): 223–237.

Robinson, Ian 1975. *The New Grammarian's Funeral*. Cambridge: Cambridge University Press.

Rosch, Eleanor H. 1973. "Natural Categories." *Cognitive Psychology* 4:

328–350.

Rumelhart, David E. and James L. McClelland（eds.）1986. *Parallel Distributed Processing: Explorations in the Microstructure of Cognition.* Vol.1, Cambridge, MA: MIT Press.

佐久間 鼎 1959.『日本語の言語理論』東京：恒星社厚生閣.

Sapir, Edward 1921. *Language: An Introduction to the Study of Speech.* New York: Harcourt, Brace & Co.

Sapir, Edward 1925. "The Sound Patterns in Language." *Language* 1（1）: 37–51.

Saussure, Ferdinand de 1916. *Cours de linguistique générale.* Paris: Payot.

Savage-Rumbaugh, Sue and Roger Lewin 1994. *KANZI: The Ape at the Brink of the Human Mind.* NewYork: Brockman.

Schank, Roger C. and Robert P. Abelson 1977. *Scripts, Plans, Goals and Understanding.* Hillsdale, N.J.: Lawrence Erlbaum.

Searle, J. 1969. *Speech Acts.* Cambridge: Cambridge University Press.

Skinner, Burrhus F. 1957. *Verbal Behavior.* New York: Prentice-Hall.

Slobin, Dan I. 1981. "The Origins of Grammatical Encoding of Events." In Werner Deutsch（ed.）*The Child's Construction of Language*, 185–199. New York: Academic Press.

Stockwell, Peter 2002. *Cognitive Poetics: An Introduction.* London: Routledge.

スピノザ、バールーフ・デ 1975.『エチカ』（上 / 下）（畠中尚志 訳）岩波文庫（改版）、東京：岩波書店.

鈴木 朖 1824（＝ 1931）.『言語四種論』名古屋：名古屋文学会.

Sweetser, Eve. 2006. "What Does It Mean to Compare Language and Gesture? Modalities and Contrast." In Jiansheng Guo et al.（eds.）*Crosslinguistic Approaches to the Psychology of Language*, 357–366. New York: Psychology Press.

Talmy, Leonard 1978. "Figure and Ground in Complex Sentences." In Joseph H. Greenberg (ed.) *Universals of Human Language* 4 : *Syntax*, 625–649. Stanford: Stanford University Press.

Talmy, Leonard 2000. *Toward a Cognitive Semantics*. (Vols.1/2), Cambridge, MA: MIT Press.

Taylor, John R. 2002. *Cognitive Grammar*. Oxford: Oxford University Press.

時枝誠記 1941. 『國語學原論』東京：岩波書店.

Tomasello, Michael 1995. "Language is Not an Instinct." *Cognitive Development* 10: 131–156.

Tomasello, Michael 1999. *The Cultural Origins of Human Cognition*. Cambridge, MA: Harvard University Press.

Tomasello, Michael 2000."First Steps toward a Usage-based Theory of Language Acquisition." *Cognitive Linguistic* 11 (1): 61–82.

Tomasello, Michael 2003. *Constructing a Language*. Cambridge, MA: Harvard University Press.

Tomasello, Michael 2008. *Origins of Human Communication*. Cambridge, MA: MIT Press.

辻 幸夫（編）2001.『ことばの認知科学事典』東京：大修館書店.

辻 幸夫（監修）2019.『認知言語学大事典』東京：朝倉書店.

Turner, Mark 1987. *Death is the Mother of Beauty: Mind, Metaphor, Criticism*. Chicago: University of Chicago Press.

Turner, Mark 1991. *Reading Minds: The Study of English in the Age of Cognitive Science*. Princeton: Princeton University Press.

Turner, Mark 1996. *The Literary Mind: The Origins of Thought and Language*. Oxford: Oxford University Press.

Varela, Francisco J., Evan Thompson, and Eleanor H. Rosch 1991. *The Embodied Mind: Cognitive Science and Human Experience*. Cambridge, MA: MIT Press.

ヴァレラ、フランシスコ、エヴァン・トンプソン ＆ エレノア・ロッシュ

2001. 『身体化された心』（田中靖夫 訳）東京：工作舎.

ヴィーコ、ジャンバッティスタ 1709（= 1987）.『学問の方法』、（上村忠男・佐々木 力 訳）岩波文庫、東京：岩波書店.

ヴィーコ、ジャンバッティスタ 1710（= 1988）.『イタリア人の太古の知恵』（上村忠男 訳）東京：法政大学出版局.

Wallon, Henri 1942. *De l'acte à la pensée*. Paris: Flammarion.

Werner, Heinz and Bernard Kaplan 1963. *Symbol Formation*. Hillsdale, N.J.: Lawrence Erlbaum.

Whitehead, Alfred N. 1929. *Process and Reality*. New York: The Free Press.

Wilcox, Sherman 2004. "Cognitive Iconicity: Conceptual Spaces, Meaning, and Gesture in Signed Languages." *Cognitive Linguistics* 15（2）: 119–147.

Wilks, Yorick 1974. "One Small Head—Models and Theories." *Foundations of Language* 11（1）: 77–95.

Wittgenstein, Ludwig 1957. *Philosophische Untersuchungen*. Frankfurt: Suhrkamp.

Wittgenstein, Ludwig 1958. *Philosophical Investigations*. New York: Macmillan.

山梨正明 1988.『比喩と理解』東京：東京大学出版会.

山梨正明 1991.「言語能力と言語運用を問いなおす」、『月刊 言語』20（10）: 70–77.

山梨正明 1992.『推論と照応』東京：くろしお出版.

山梨正明 1995.『認知文法論』東京：ひつじ書房.

山梨正明 1997.「自然言語における身体性—言葉の根源と創造性の観点から」『物性研究』（京都大学・基礎物理学研究所）68（5）: 583–591.

Yamanashi, Masa-aki 1998. "Some Issues in the Treatment of Irony and Related Tropes." In Robyn Carston et al.（eds.）*Relevance Theory: Applications and Implications*, 271–281. Amsterdam: John Benjamins.

山梨正明 1998.「認知言語学の研究プログラム」『月刊 言語』27 (11): 20–
　　29.

山梨正明 1999.「言葉と意味の身体性—認知言語学からの眺望」『現象学年
　　報』(日本現象学会) 15: 7–21.

Yamanashi, Masa-aki 2000. "Negative Inference, Space Construal, and
　　Grammaticalization." In Laurence R. Horn et al. (eds.) *Studies on
　　Negation and Polarity*, 243–254. Oxford: Oxford University Press.

山梨正明 2000.『認知言語学原理』東京：くろしお出版.

山梨正明 2001a.「ことばの科学の認知言語学的シナリオ」『認知言語学論
　　考』1: 1–28.

山梨正明 2001b.「モジュール仮説に基づく言語習得仮説の本質的問題」、
　　『ベビーサイエンス』1: 20–21.

Yamanashi, Masa-aki 2001. "Speech-Act Constructions, Illocutionary Forc-
　　es, and Conventionality." In Daniel Vanderveken et al. (eds.) *Essays
　　on Speech Act Theory*, 225–238. Amsterdam: John Benjamins.

山梨正明 2002.「言語科学における記述・説明の妥当性—認知言語学の視
　　点からみた言語研究の展望」『日本語文法』2 (2): 3–28.

Yamanashi, Masa-aki 2002. "Cognitive Perspectives on Language Acquisi-
　　tion." *Studies in Language Sciences*, 2: 107–116.

山梨正明 2003a.「科学哲学的な視点からみた認知言語学の展開—言語科学
　　のフロンティア」『英語青年』148 (11): 662–666.

山梨正明 2003b.「日本語教育と認知言語学」、『日本語教育』116: 133–134.

山梨正明 2003c.「言語習得と認知言語学—認知科学の関連領域からの展
　　望」『日本認知言語学会論文集』3: 282–284.

山梨正明 2004.『ことばの認知空間』東京：開拓社.

山梨正明 2006.「言語の発生をめぐって—その起源・進化・獲得」、『関西言
　　語学会論文集』26: 358–361.

山梨正明 2008.「認知言語学の研究プログラムとその科学哲学的背景」『英
　　語青年』154 (3): 8–11.

山梨正明 2009a.『認知構文論─文法のゲシュタルト性』東京：大修館書店.

山梨正明 2009b.「認知語用論からみた文法・論理・レトリック」『語用論研究』11: 61–97.

Yamanashi, Masa-aki 2010. "Metaphorical Modes of Perception and Scanning." In Armin Burkhardt and Brigitte Nerlich (eds.) *Tropical Truth (s): The Epistemology of Metaphor and Other Tropes*, 157–175. Berlin/New York: Walter de Gruyter.

山梨正明 2012a.『認知意味論研究』東京：研究社.

山梨正明 2012b.「認知言語学からみたコーパス言語学の展望」『英語コーパス研究』19: 43–66.

山梨正明 2015.『修辞的表現論』東京：開拓社.

山梨正明 2016.『自然論理と日常言語』東京：ひつじ書房.

Yamanashi, Masa-aki 2016. "New Perspectives on Cognitive Linguistics and Related Fields." In Masa-aki Yamanashi (ed.) *Cognitive Linguistics*. Vol.1, pp. xix-xlix. London: Sage Publications.

Yamanashi, Masa-aki (ed.) 2016. *Cognitive Linguistics.* (Vol.1〜Vol.5) London: Sage Publications.

吉本隆明 1965.『言語にとって美とは何か』（第 1 巻）東京：勁草書房.

ユクスキュル、ヤーコプ・フォン & ゲオルク・クリサート 1995.『生物から見た世界』（新装版）（日高敏隆・野田保之 訳）東京：新思索社.

〈参考文献 (生成意味論)〉

Bach, Emmon and Robert T. Harms (eds.) 1968. *Universals in Linguistic Theory*. New York: Holt, Rinehart & Winston.

Bach, E. 1968 "Nouns and Noun Phrases." In Emmon Bach and Robert T. Harms (eds.). *Universals in Linguistic Theory*, 90–122. New York: Holt, Rinehart & Winston.

Binnick "On the Nature of the 'Lexical Item'." *Papers from the 4th Regional Meeting of Chicago Linguistic Society*, 1–13. Chicago: Chicago Linguistic Society.

Binnick, Robert I. et al. (eds.) 1969. *Papers from the 5th Regional Meeting of Chicago Linguistic Society*. Chicago: Chicago Linguistic Society.

Bolinger, Dwight 1968. "Judgements of Grammaticality," *Lingua* 21 (1): 34–40.

Borkin, Ann 1975. *Raising to Object Position: A Study in the Syntax and Semantics of Clause Merging*. Ph.D. Dissertation, University of Michigan.

Borkin, Ann 1985. *Problems in Form and Function*. Westport, CT: Praeger Publishers.

Brown, Penelope and Stephen C. Levinson 1987. *Politeness: Some Universals in Language Use*. Cambridge: Cambridge University Press.

Bruck, Anthony et al. (eds.) 1974. *Papers from the 9th Regional Meeting of Chicago Linguistic Society*. Chicago: Chicago Linguistic Society.

Chafe, Wallace 1970. *The Meaning and the Structure of Language*. University of Chicago Press.

Cole, Peter and Jerry Morgan (eds.) 1975. *Syntax and Semantics 3: Speech Acts*. New York : Academic Press.

Coleman, Linda and Paul Kay 1981. "Prototype Semantics." *Language*, 57 (1): 26–44.

Darden, Bill J. et al.（eds.）1968. *Papers from the* 4*th Regional Meeting of Chicago Linguistic Society.* Chicago: Chicago Linguistic Society.

Davidson, Donald and Gilbert Harman（eds.）*Semantics of Natural Language.* Dordrecht, Holland: Reidel.

Fauconnier, Gilles 1971. *Theoretical Implications of Some Global Phenomena in Syntax.* Ph.D. Dissertation, University of California, San Diego.

Fillmore, Charles J.1963. "The Position of Embedding Transformations in a Grammar." Word 19: 203–231.

Fillmore, Charles J. 1965. "Entailment Rules in a Semantic Theory." *Project on Linguistic Analysis*,10: 60–82.

Fillmore, Charles J. 1968. "The Case for Case." In Emmon Bach and Robert T. Harms（eds.）*Universals in Linguistic Theory,* 1–88. New York: Holt, Rinehart & Winston.

Fillmore, Charles J. 1971. "Types of Lexical Information." In Danny D. Steinberg and Leon A. Jakobovits（eds.）. *Semantics: An Interdisciplinary Reader in Philosophy, Linguistics and Psychology,* 370–392. Cambridge: Cambridge University Press.

Fillmore, Charles J. 1978. "Innocence: A Second Idealization for Linguistics." *Proceedings of the* 5*th Berkeley Linguistic Society,* 63–76. Berkeley: Berkeley linguistics Society.

Fillmore, Charles J. 1984. "Some Thoughts on the Boundaries and Components of Linguistics," In Thomas G. Bever et al.（eds.）*Talking Minds: The Study of Language in Cognitive Science,* 73–108. Cambridge, MA: MIT Press.

Fillmore, Charles J. and D. Terence Langendoen（eds.）1971. *Studies in Linguistic Semantics.* New York: Holt, Rinehart & Winston.

Foo, Yuck 1971. "A Selectional Restriction Involving Pronoun Choice." In Arnold Zwicky et al.（eds.）*Studies Out in the Left Field : Defamatory Essays Presented to James D. McCawley,* 19–20. Edmonton: Linguistic Research, Inc.

Gallagher, Mary 1970. "Does Meaning Grow on Trees?" In Jerry M. Sadock and Anthony L. Vanek (eds.) *Studies Presented to Robert B. Lees by his Students*, 79–93. Edmonton: Linguistic Research, Inc.

Geis, Michael L. and Arnold M. Zwicky 1971. "On Invited Inferences." *Linguistic Inquiry*, 2 (4): 561–566.

Givón, Talmy 1979. *On Understanding Grammar*. New York: Academic Press.

Givón, Talmy (ed.) 1979. *Syntax and Semantics* 12*: Discourse and Syntax*. New York: Academic Press.

Gordon, David and George Lakoff. 1975. "Conversational Postulates." In Peter Cole and Jerry Morgan (eds.) *Syntax and Semantics*, 83–106. New York: Academic Press.

Green, Georgia. 1974. *Semantic and Syntactic Regularity*. Bloomington: Indiana University Press.

Grinder, John T. 1971. *On Deletion Phenomena in English*. Ph.D. Dissertation, University of California, San Diego.

Grinder, John T. 1976. *On Deletion Phenomena in English*. The hague: Mouton.

Grinder, John T. and Paul M. Postal 1971. "Missing Antecedents."*Linguistic Inquiry*, 2 (3): 269–312.

Gruber, Jeffrey S. 1965. *Studies in Lexical Relations*. Ph.D. Dissertation, MIT.

Gruber, Jeffrey S. 1967a. "Look and See."*Language*, 43 (4): 937–947.

Gruber, Jeffrey S. 1967b. "Topicalization in Child Language."*Foundations of Language*, 3 (1): 37–65.

Gruber, Jeffrey S. 1976. *Lexical Structures in Syntax and Semantics*. Amsterdam: North-Holland.

Haiman, John 1980. "Dictionaries and Encyclopedias." *Lingua* 50 (4):

329–357.

Hankamer, Jorge 1971. *Constraints on Deletion in Syntax*. Ph.D. Dissertation, Yale University.

Harris, Randy A. 1993. *The Linguistics Wars*. Oxford: Oxford University Press.

Horn, Laurence R. 1969. "A Presuppositional Analyisis of *Only* and *Even*." *Papers from the* 5th *Regional Meeting of Chicago Linguistic Society*, 98–107. Chicago: Chicago Linguistic Society.

Horn, Laurence R. 1972. *On the Semantic Properties of Logical Operators in English*. Ph.D. Dissertation, University of California, Los Angeles.

Horn, Laurence 1989. *A Natural History of Negation*. Chicago: University of Chicago Press.

James, Debby 1972. *The Syntax and Semantics of Some English Interjections*. Ph.D. Dissertation, University of Michigan.

Karttunen, Lauri 1969. *Problem of Reference in Syntax*. Ph.D. Dissertation, Indiana University.

Karttunen, Lauri 1971a. "Implicative Verbs." *Language*, 47 (2): 340–358.

Karttunen, Lauri 1971b. "Some Observations on Factivity." *Papers in Linguistics*, 4 (1): 55–69.

Kates, Carol A.1980. *Pragmatics and Semantics*. Ithaca: Cornell University Press.

Keenan, Edward L. 1970. *A Logical Base for a Transformational Grammar of English*. Ph.D. Dissertation, University of Pennsylvania.

King, Harold 1970. "On Blocking the Rules for Contraction". *Linguistic Inquiry*, 1 (1): 134–136.

Kiparsky, Paul and Carol Kiparsky 1970. "Fact." In Danny D. Steinberg and Leon A. Jakobovits (eds.) *Semantics: An Interdisciplinary Reader in Philosophy, Linguistics and Psychology*, 345–369. Cambridge: Cambridge University Press.

Lakoff, George 1971a. "On Generative Semantics." In Danny D. Steinberg and Leon A. Jakobovits (eds.) *Semantics: An Interdisciplinary Reader in Philosophy, Linguistics and Psychology*, 232–296. Cambridge: Cambridge University Press.

Lakoff, George 1971b. "The Role of Deduction in Grammar." In Charles J. Fillmore and D. Terence Langendoen (eds.) *Studies in Linguistic Semantics*, 62–70. New York: Holt, Rinehart & Winston.

Lakoff, George 1971c. "Presupposition and Relative Well-formedness." In Danny D. Steinberg and Leon A. Jakobovits (eds.) *Semantics: An Interdisciplinary Reader in Philosophy, Linguistics and Psychology*, 329–340. Cambridge: Cambridge University Press.

Lakoff, George 1971d. *Irregularity in Syntax*. New York: Holt, Rinehart & Winston.

Lakoff, George 1972a. "Linguistics and Natural Logic." In Donald Davidson and Gilbert Harman (eds.) *Semantics of Natural Language*, 545–665. Dordrecht, Holland: Reidel.

Lakoff, George. 1972b. "Hedges : A Study in Meaning Criteria and the Logic of Fuzzy Concepts." *Papers from the 8th Regional Meeting of Chicago Linguistic Society*, 183–228, Chicago: Chicago Linguistic Society.

Lakoff, George 1972c. "The Arbitrary Basis of Transformational Grammar." *Language*, 48 (1): 76–87.

Lakoff, George 1972d. "Structural Complexity in Fairy Tales." *The Study of Man*, 1: 128–150.

Lakoff, George 1973. "Fuzzy Grammar and the Performance/Competence Terminology Game." *Papers from the 9th Regional Meeting of Chicago Linguistic Society*, 271–291, Chicago: Chicago Linguistic Society.

Lakoff, George 1976. "Toward Generative Semantics." In James D. McCawley (ed.) *Notes from the Linguistic Underground*, 43–62. New

York: Academic Press.

Lakoff, George and John R. Ross 1976. "Is Deep Structure Necessary?" In James D. McCawley (ed.) *Notes from the Linguistic Underground*, 159–164. New York: Academic Press.

Lakoff, George 1977. "Linguistic Gestalts." In *Papers from the* 13*th Regional Meeting of Chicago Linguistic Society*, 236–287. Chicago: Chicago Linguistic Society.

Lakoff, Robin T. 1968. *Abstract Syntax and Latin Complementation*. Cambridge, MA: MIT Press.

Lakoff, Robin T. 1990. *Talking Power*. New York: Basic Books.

Lakoff, Robin T. 2000. *The Language War*. Berkeley/Los Angeles: University of California Press.

Lakoff, Robin T. 1972. "Language in Context." *Language* 48 (4): 907–927.

Lakoff, Robin T. 1973. "The Logic of Politeness : Or, Minding Your P's and Q's." In *Papers from the* 9*th Regional Meeting of Chicago Linguistic Society*, 292–305, Chicago: Chicago Linguistic Society.

Lakoff, Robin T. 1975. *Language and Woman's Place*. New York: Harper & Row.

レイコフ、ロビン T. 1985.『言語と性：英語における女の地位』(カツエ・レイノルズ、川瀬裕子 訳) 東京：有信堂.

レイコフ、ロビン T. 1988.『ことばと女性の立場』(筧 寿雄ほか 訳) 東京：英宝社.

Lakoff, Robin T and Raquel L. Scherr 1989. *Face Value: The Politics of Beauty*. New York: Hacker Art Books

Lakoff, Robin and James C. Coyne. 1993. *Father Knows Best: The Use and Abuse of Therapy in Freud's Case of Dora*. New York: Teachers College Press.

Langacker, Ronald W. 1967. *Language and its Structure*. New York: Harcourt, Brace & World.

Langacker, Ronald W. 1969. "On Pronominalization and the Chain of Command." In David A. Reibel and Sanford A. Schane (eds.) *Modern Studies in English*, 160–186. Englewood Cliffs, NJ: Prentice-Hall.

Langacker, Ronald W. 1974. "Movement Rules in Functional Perspective." *Language* 50 (4): 630–664.

Langacker, Ronald W. 1975. "Functional Stratigraphy." In *Parasession on Functionalism: Papers from the 9th Regional Meeting of Chicago Linguistic Society*, 351–397. Chicago: Chicago Linguistic Society.

Langacker, Ronald W. 1976. "Semantic Representations and the Linguistic Relativity Hypothesis." *Foundations of Language* 14 (2): 307–357.

Langacker, Ronald W. 1977. "Syntactic Reanalysis." In Charles N. Li (ed.) *Mechanisms of Syntactic Change*, 57–139. Austin: University of Texas Press.

Langacker, Ronald W. 1978. "The Form and Meaning of the English Auxiliary." *Language* 54 (4): 853–882.

Langacker, Ronald W.and Pamela Munro 1975. "Passives and Their Meaning." *Language* 51 (4): 789–830.

Lawler, John 1973. *Studies in English Generics*. Ph.D. Dissertation, University of Michigan.

Levinson, Stephen C. 1983. *Pragmatics*. Cambridge: Cambridge University Press.

McCawley, James D. 1968a. "The Role of Semantics in a Grammar." In Emmon Bach and Robert T. Harms (eds.) *Universals in Linguistic Theory*, 124–169. New York: Holt, Rinehart & Winston.

McCawley, James D. 1968b. "Concerning the Base Component of a Transformational Grammar." *Foundations of Language* 4 (3): 243–269.

McCawley, James D. 1968c. "Lexical Insertion of a Transformational Grammar without Deep Structure." *Papers from the 4th Regional Meeting of Chicago Linguistic Society*, 71–80. Chicago: Chicago Linguistic Society

McCawley, James D. 1970. "English as a VSO Language." *Language* 46 (2): 286–299.

McCawley, James D. 1971. "Interpretive Semantics Meets Frankenstein." *Foundations of Language* 7 (2): 285–296.

McCawley, James D. 1972. "A Program for Logic." In Donald Davidson and Gilbert Harman (eds.) *Semantics of Natural Language*, 498–544. Dordrecht, Holland: Reidel.

McCawley, James D. 1973. *Grammar and Meaning*. Tokyo: Taishukan.

McCawley, James D. (ed.) 1976. *Notes from the Linguistic Underground*. New York: Academic Press.

McCawley, James D. 1980. "An Un-Syntax." In Edith A. Moravcsik and Jessica R. Wirth (eds.) *Syntax and Semantics*, 167–193. New York: Academic Press.

McCawley, James D. 1981. *Everything that Linguists Have Always Wanted to Know about Logic but Were Ashamed to Ask*. Chicago: University of Chicago Press.

McCawley, James D. 1982. *Thirty Million Theories of Grammar*. London: Croom Helm.

McCawley, James D. 1998. *The Syntactic Phenomena in English*. Chicago: University of Chicago Press.

Miller, George and Philip N. Johnson-Laird 1976. *Language and Perception*. Cambridge, MA: Harvard University Press.

Morgan, Jerry 1969a. "On Arguing about Semantics." *Papers in Linguistics* 1 (1): 49–70.

Morgan, Jerry 1969b. "On the Treatment of Presupposition in Transformational Grammar." *Papers from the 5th Regional Meeting of Chicago Linguistic Society*, 167–177, Chicago: Chicago Linguistic Society.

Nilsen, Don L.F. and Alleen P. Nilsen 1975. *Semantic Theory*. Rowley,

MA: Newbury House Publishers.

Norman, Donald and David E. Rumelhart 1975. *Explorations in Cognition*. San Francisco: Freeman.

Peranteau, Paul et al. (eds.) 1972. *Papers from the 8th Regional Meeting of Chicago Linguistic Society*. Chicago: Chicago Linguistic Society.

Perlmutter, David M. 1971. *Deep and Surface Constraints in Syntax*. New York: Holt, Rinehart & Winston.

Peters, Stanley (ed.) 1972. *Goals of Linguistic Theory*. Englewood Cliffs, NJ: Prentice-Hall.

Postal, Paul M. 1969. "Anaphoric Islands." *Papers from the 5th Regional Meeting of Chicago Linguistic Society*, 205–239. Chicago: Chicago Linguistic Society.

Postal, Paul M. 1970. "On the Surface Verb 'Remind'." *Linguistic Inquiry* 1 (1): 37–120.

Postal, Paul M. 1971. *Crossover Phenomena*. New York : Holt, Rinehart & Winston.

Postal, Paul M. 1972a "The Best Theory." In Stanley Peters (ed.) *Goals of Linguistic Theory*, 131–170. Englewood Cliffs, NJ: Prentice-Hall.

Postal, Paul M. 1972b. "A Global Constraint on Pronominalization." *Linguistic Inquiry* 3 (3): 349–373.

Postal, Paul M. 1972c. "Some Further Limitaions on Interpretive Theories of Anaphora." *Linguistic Inquiry* 3 (1): 35–59.

Postal, Paul M. 1974. *On Raising*. Cambridge, MA: MIT Press.

Quang, Phuc D. 1971a. "English Sentences without Overt Grammatical Subject." In Arnold Zwicky et al. (eds.) *Studies Out in the Left Field : Defamatory Essays Presented to James D. McCawley*, 3–10. Edmonton: Linguistic Research, Inc.

Quang, Phuc D. 1971b. "A Note on Conjoined Noun Phrases." In Arnold Zwicky et al. (eds.) *Studies Out in the Left Field : Defamatory Es-*

says Presented to James D. McCawley, 11–18. Edmonton: Linguistic Research, Inc.

Ross, John R. 1967. *Constraints on Variables in Syntax*. Ph.D. Dissertation, MIT.

Ross, John R 1969a. "Auxiliaries as Main Verbs." In William Todd (ed.) *Studies in Philosophical Linguistics*, 77–102. Evanston, Ill.: Great Expectations.

Ross, John R. 1969b. "Guess Who." *Papers from the 5th Regional Meeting of Chicago Linguistic Society*, 252–286. Chicago: Chicago Linguistic Society.

Ross, John R. 1970. "On Declarative Sentences." In Rodney A. Jacobs and Peter S. Rosenbaum (eds.) *Readings in English Transformational Grammar*, 222–272, Waltham, MA: Ginn & Co.

Ross, John R. 1972a. "The Category Squish." *Papers from the 8th Regional Meeting of Chicago Linguistic Society*, 316–328. Chicago: Chicago Linguistic Society.

Ross, John R. 1972b. "Act." In Donald Davidson and Gilbert Harman (eds.) *Semantics of Natural Language*, 70–126. Dordrecht, Holland: Reidel.

Ross, John R. 1973. "A Fake NP Squish." In Charles J. Bailey and Roger Shuy (eds.), *New Ways of Analyzing Variation*, 96–140. Washington, DC : Georgetown University Press.

Ross, John R. 1974a. "Nouniness." In Osamu Fujimura (ed.) *Three Dimensions of Linguistic Theory*, 137–257. Tokyo: TEC.

Ross, John R. 1974b. "There, There, (There, (There, (There)))." *Papers from the 10th Regional Meeting of Chicago Linguistic Society*, 569–587. Chicago: Chicago Linguistic Society.

Ross, John R. 1986. *Infinite Syntax*. Norwood, NJ: Ablex.

Sadock, Jerrold M. 1974. *Toward a Linguistic Theory of Speech Acts*. New

York: Academic Press.

Sag, Ivan A. 1976. *Deletion and Logical Form.* Ph.D. Dissertation, MIT.

Schank, Roger (ed.) 1975. *Conceptual Information Processing.* New York: Elsevier.

Schmerling, Susan F. 1976. *Aspects of English Sentence Stress.* Ph.D. Dissertation, University of Texas.

Seuren, Pieter 1972. "Autonomous versus Semantic Syntax." *Foundations of Language* 8 (2): 237–265.

Steinberg, Danny D. and Leon A. Jakobovits (eds.). 1971. *Semantics: An Interdisciplinary Reader in Philosophy, Linguistics and Psychology.* Cambridge: Cambridge University Press.

Talmy, Leonard 1972. *Semantic Structures in English and Atsugewi.* Ph.D. Dissertation, University of California, Berkeley.

Thrasher, Randolph H. 1974. *Shouldn't Ignore These Strings: A Study of Conversational Deletion.* Ph.D. Dissertation, University of Michigan.

Wierzbicka, Anna 1972. *Semantic Primitives.* Frankfurt: Athenäum-Verl.

Yamanashi, Masa-aki 1972. "Lexical Decomposition and Implied Proposition." In *Papers from the 8th Regional Meeting of Chicago Linguistic Society*, 388–401, Chicago: Chicago Linguistic Society.

Yamanashi, Masa-aki 1974. "On Minding Your P's and Q's in Japanes: A Case Study of Honorifics." *Papers from the 9th Regional Meeting of Chicago Linguistic Society*, 760–771, Chicago: Chicago Linguistic Society.

Yamanashi, Masa-aki 1975a. *Generative Semantic Studies of the Conceptual Nature of Predicates in English.* Ph.D. Dissertation, University of Michigan.

Yamanashi, Masa-aki 1975b. "Where Do Conditional Expressions Qualify?: Functional Variability between Logical and Ordinary Language Conditionals," In Ralph W. Fasold and Roger W. Shuy (eds.) *Analyzing*

Variation in Language, 228–240. Washington, D.C.: Georgetown University Press.

山梨正明 1977.『生成意味論研究』東京：開拓社.

山梨正明 1983.「生成意味論」安井 稔 ほか（著）『意味論』（英語学大系 5）、337–466. 東京：大修館書店.

山梨正明 1986.『発話行為』東京：大修館書店.

Zwicky, Aarnold et al. (eds.) 1971. *Studies Out in the Left Field : Defamatory Essays Presented to James D. McCawley*. Edmonton : Linguistic Reserarch, Inc.

Zwicky, Arnold and Jerrold M.Sadock. 1975. "Ambiguity Tests and How to Fail Them." In John Kimball (ed.) *Syntax and Semantics*, 1–36. New York: Academic Press.

索　引

【著者紹介】

山梨正明（やまなし まさあき）

〈略歴〉

1948年静岡県生まれ。1975年ミシガン大学大学院博士課程修了（言語学、Ph.D.）。京都大学名誉教授、関西外国語大学教授。

〈主要著書〉

『認知文法論』（ひつじ書房、1995）、『認知言語学原理』（くろしお出版、2000）、『ことばの認知空間』（開拓社、2004）、『認知構文論』（大修館書店、2009）、『認知意味論研究』（研究社、2012）、『修辞的表現論』（開拓社、2015）、『自然論理と日常言語』（ひつじ書房、2016）、『新版　推論と照応』（くろしお出版、2017）、『日・英語の発想と論理』（開拓社、2019）、*Cognitive Linguistics* Vols. 1–5（編著、SAGE Publications, 2016）、他。

言語学と科学革命—認知言語学への展開

Linguistics and Scientific Revolution:
The Cognitive Turn of Linguistics

Masa-aki Yamanashi

発行	2021年5月31日　初版1刷
定価	3200円＋税
著者	© 山梨正明
発行者	松本功
装丁者	春田ゆかり
印刷・製本所	亜細亜印刷株式会社
発行所	株式会社 ひつじ書房

〒112-0011 東京都文京区千石2-1-2 大和ビル2F
Tel.03-5319-4916 Fax.03-5319-4917
郵便振替 00120-8-142852
toiawase@hituzi.co.jp https://www.hituzi.co.jp/

ISBN978-4-8234-1076-5

刊行のご案内

認知言語学の最前線　山梨正明教授古希記念論文集
児玉一宏・小山哲春 編　定価 9,800 円＋税

マンガ学からの言語研究　「視点」をめぐって
出原健一 著　定価 3,500 円＋税

認知言語学と談話機能言語学の有機的接点
用法基盤モデルに基づく新展開
中山俊秀・大谷直輝 編　定価 4,500 円＋税

A Cognitive Linguistic Approach to Japanese Agrammatism
井原浩子 著　定価 9,200 円＋税

「中納言」を活用したコーパス日本語研究入門
中俣尚己 著　定価 1,800 円＋税